Zu Hause in Almanya

Aussprachehilfe Türkisch
Es kommen in diesem Buch einige türkische Namen und Begriffe vor, für die die folgende Liste als Aussprachehilfe dienen soll.

c = dsch
ç = tsch
ğ = stimmloses, gedehntes g, das nicht gesprochen, sondern »verschluckt« wird, wie z.B. der Laut zwischen ö und r, wenn man den Namen Jörg ausspricht
ı = i ohne Punkt, wird gesprochen wie ein kehliges e
s = wird immer wie ein scharfes s gesprochen
ş = sch
z = wird immer als weiches s gesprochen, wie in Sommer

Ayşegül Acevit wurde an der türkischen Schwarzmeerküste geboren und wuchs im Ruhrgebiet auf. Sie ist Diplom-Sozialwissenschaftlerin und volontierte Radio- und Fernsehjournalistin. Sie hat schon früh erste Geschichten und Gedichte in deutscher Sprache verfasst. Heute lebt sie in Köln, wo sie als Journalistin und Autorin tätig ist. Ihre Neugier auf andere Kulturen treibt sie immer wieder zu mehrmonatigen Reisen ins Ausland, wie nach Indien oder Südamerika oder zuletzt nach Istanbul, wo sie ein ganzes Jahr gelebt hat. Neben der Türkei und dem Islam interessiert sie sich für Themen wie alternative Medizin, Mystik und Philosophie.

Zu Hause in Almanya

Ayşegül Acevit erzählt vom
türkischen Leben in Deutschland

Campus Verlag
Frankfurt/New York

Bibliografische Information der Deutschen Nationalbibliothek:
Die Deutsche Nationalbibliothek verzeichnet diese Publikation in der
Deutschen Nationalbibliografie. Detaillierte bibliografische Daten
sind im Internet unter http://dnb.d-nb.de abrufbar.
ISBN 978-3-593-38699-7

Das Werk einschließlich aller seiner Teile ist urheberrechtlich geschützt.
Jede Verwertung ist ohne Zustimmung des Verlags unzulässig. Das gilt
insbesondere für Vervielfältigungen, Übersetzungen, Mikroverfilmungen
und die Einspeicherung und Verarbeitung in elektronischen Systemen.
Copyright © 2008 Campus Verlag GmbH, Frankfurt/Main
Umschlaggestaltung: Kathrin Steigerwald, Hamburg
Umschlagillustrationen: © Ruth Botzenhardt, München
Landkarten: Peter Palm, Berlin
Satz: Fotosatz L. Huhn, Linsengericht
Druck und Bindung: Freiburger Graphische Betriebe
Gedruckt auf säurefreiem und chlorfrei gebleichtem Papier.
Printed in Germany

Besuchen Sie uns im Internet: www.campus.de

Bu kitabı beni her zaman destekleyen
sevgili anneme ve babama ithaf ediyomm

Ich widme dieses Buch meinen lieben Eltern,
die mich immer unterstützt haben.

Inhalt

Vorwort 9

1. Kismet – das Glück kommt auf eigenen Wegen 11

Die Kinder von Zeliha 13
Die Königin der Flimmerkiste 18
Eine *Abla* ist eine *Abla* 27

2. Alles ändert sich – Deutschlandtürken von heute 33

Eine Reise nach Istanbul 35
Kein Handkuss für die Tante 40
Die Mutter aus dem Dorf 44
Der Clown in der Moschee 50
Onkel Mehmet, der Nikolaus 56

3. »Endlich seid ihr da« – Wie die Türken nach Deutschland
   kamen 63

Nur die Besten für den Westen 65
Der Bunker unter Gleis 11 70
Die Kolonie der Arbeiter 73
Der Schatz im Koffer 79

4. Grauer Alltag in Almanya – Schein und Sein 87

Keine Wohnung für Türken 89
»Nur schlechte Nachrichten sind gute Nachrichten« 95
In welchem Land leben wir? 101
Alles »Loser«? 110

5. *Sen ve ben*, du und ich – Wie wir alle »verschmelzen« ... 117

Hiphop for Germany 119
Abschiedsküsse und Knofikult 122
Alles klar, Kollege 128
Der Zaubergarten 135

6. Von Anatolien zur europäischen Großmacht – Die türkische Geschichte 145

Der Retter in der Not – Atatürk und die moderne Türkei 147
Hysterie und Fantasie – Europa und die Türken 155
Mehmet von Königstreu 163
Der kleine Sultan und sein großes Reich 169
Wenn der Reiter sein Zelt aufschlägt 174

Anhang.................................. 181
Glossar 181
Türkische Persönlichkeiten der Weltgeschichte 186
Türkische Persönlichkeiten in Deutschland 188
Daten zur Arbeitsmigration 190
Landkarten 192
Auswahl verwendeter Literatur 195

Vorwort

Niemand läuft ständig mit dem Gedanken im Kopf herum »Ich bin Deutscher, ich bin Türkin, ich bin dieses oder jenes«. Wir sind einfach, wer wir sind, und wollen meist nur glücklich sein. Unser Alltag spielt sich irgendwo in Deutschland ab und hier sind wir zu Hause, egal wo unsere Eltern und Großeltern hergekommen sind. Aber wir sind auch durch deren Lebenserfahrungen geprägt, und damit definiert sich unsere jeweilige Herkunft. Ich finde, das ist ein großer Schatz, wenn wir das Positive darin erkennen und nutzen können.

Leider herrscht in der Öffentlichkeit oft ein recht negatives Bild über Türken, das meist von Vorurteilen und einseitiger Darstellung geprägt ist, und diese Bilder sind oft nicht zufällig entstanden und können uns das Leben miteinander manchmal ziemlich schwermachen.

Ich möchte Geschichten erzählen, von denen ich glaube, dass sie viel über das türkische Leben in der deutschen Heimat verraten und dazu beitragen, Türken und ihre Kultur in einem anderen Licht zu sehen.

Es sind Geschichten, die ich meist selbst erlebt habe oder die ich aufgespürt habe. Die Namen der Personen habe ich geändert und einigen Geschichten zusätzlich einen schönen Rahmen verpasst. Ich schreibe meist »Türken«, weil wir selbst so von uns reden, und manchmal »türkische Herkunft«, weil es treffender ist, aber selten »türkischer Migrationshintergrund«, wie es heute üblich ist, da ich diesen Begriff zu gestelzt finde.

Ich hoffe, dass die Geschichten für meine Leser genauso amüsant und informativ sind wie für mich, als ich sie gesammelt und aufgeschrieben habe, und wünsche viel Spaß beim Lesen.

Ayşegül Acevit

Teil 1

Kismet

Das Glück kommt auf eigenen Wegen

Die Kinder von Zeliha

In jeder Wohnung müssen irgendwo Bilder der Ahnen und Großeltern, der Eltern oder Kinder angebracht sein. Auch in der Wohnung von Zeliha war das so. Sie hatte ihre Bilder in schöne silberne Rahmen gesteckt, die auf der Kommode im Wohnzimmer standen, und jeder der Rahmen war mit einem filigranen weißen Deckchen behangen, das sie selbst gehäkelt hatte. Wenn man die Gesichter der Personen sehen wollte, musste man immer erst den herunterhängenden Zipfel des Deckchens hochklappen. Zeliha war unverbesserlich. Sämtliche Sofas und Schränke hatte sie ebenfalls mit diesen Deckchen ausstaffiert, nicht nur die Bilder der Familie.

Ihre Bilder standen dort auf der Kommode, damit sie ihre Liebsten immer vor Augen haben konnte, und vor allem, weil sie der Meinung war, dass man nie vergessen dürfe, zu wem man gehört und woher man kommt. Ihre Kinder hatten das schon so oft gehört, dass sie immer nur abwinkten, wenn sie ihre Mutter wieder so reden hörten, doch sie ahnten nicht, dass sie es irgendwann einmal vermissen würden.

Zeliha war eine wunderhübsche Frau, die perfekt dem Schönheitsideal vergangener türkischer Tage entsprach: babyzarte Haut, kohleschwarze Augen, geschwungene Augenbrauen, wie mit einem Stift gezogen, und kastanienbraunes, langes Haar. Mittelgroß und kräftig war sie, ein bisschen mollig mittlerweile, ein bisschen mädchenhaft immer noch, obwohl sie drei erwachsene Kinder hatte. Jedenfalls fast erwachsen, denn der jüngste war erst 20 Jahre alt. Er war das Nesthäkchen der Familie und die beiden Großen, der ältere Bruder und die ältere Schwester, sein *Abi* und seine *Abla* sorgten sich um ihn wie um ihren Augapfel. Das war nicht immer einfach gewesen, aber Zeliha hatte stets darauf geachtet.

Zelihas Mann war ein richtiger *Efendi*, ein Gentleman, einer von dem man sagte, dass er einen Mund, aber scheinbar keine Zunge habe, so zurückhaltend und bescheiden wie er sei. Zeliha war eindeutig die Lauteste in der Familie und die, die sich am meisten Gedanken machte, die am meisten tat und am meisten auffiel. Ihr Mann liebte sie dafür und ihre Kinder waren es nicht anders gewöhnt, dass ihre Mutter der Nabel der Familienwelt war.

Zeliha stammte von der Schwarzmeerküste, was ihr spritziges Temperament und ihre Schönheit erklärte, sagte ihr Mann. Die beiden waren ein modernes Paar, sie gingen an Feiertagen zwar in die Moschee, aber gönnten sich hin und wieder ein Gläschen Raki. Sie verehrten Atatürk, hörten klassische Musik und hatten in ihrer Jugend Che Guevara bewundert.

Die Familie betrieb eine kleine Schneiderei. Ohne Zeliha hätte das nie geklappt, das wussten alle in der Familie und noch viele darüber hinaus. Die Mutter der drei Kinder war in ihrem Viertel gut bekannt, weil sie für jeden immer einen freundlichen Gruß hatte und es nichts gab, was sie nicht hätte nähen können. Zeliha wusste, wie hart das Leben sein konnte. Deshalb hatte sie ihre drei Kinder dazu erzogen, fleißig in der Schule zu sein und gute Berufe zu erlernen. Bei ihrem ersten Sohn hatte das nicht so gut geklappt. Als er klein gewesen war, da waren sie alle noch neu in Deutschland und kannten sich nicht gut aus, sie wussten nicht, welche Bildungsmöglichkeiten es gab und was das Beste für ihr Kind war. Deshalb hatte er nur eine Verkäuferausbildung gemacht, obwohl er zu Größerem geboren war, wie er selbst felsenfest glaubte. Und so hatte er, der *Abi*, es mit viel harter Arbeit geschafft, ein erfolgreicher Kleinunternehmer zu werden, und hin und wieder arbeitete er sogar mit seinen Eltern zusammen. Seine jüngere Schwester war die Intellektuelle der Familie. Sie hatte Marketing studiert und arbeitete als Führungskraft in einem großen Unternehmen. Sie liebte den *turkish way of life* und wohnte nur ein paar Häuser neben den Eltern. Die beiden besuchten diese alle paar Tage oder an Wochenenden und waren immer da, wenn die Eltern Hilfe brauchten.

Der Jüngste, das Nesthäkchen, war ein Rebell. Auf Studium und Zukunftsplanung hatte er keine Lust, und wenn es nach ihm gegangen wäre, hätte er weder Türkisch gesprochen noch sonst etwas mit den »Kanaken« zu tun gehabt. Er war einer, der heimlich Graffiti an die Wände schmierte, auf skurrilen Partys rumhing und noch allerlei andere Sachen trieb, von denen die Eltern und Geschwister lieber nichts wissen sollten.

Eines Tages aber brach eine Krise über diese so normale, glückliche Familie herein, die sie alle hätte auseinanderreißen können. Verzweifelt und kleinlaut kam der älteste Sohn zu seinen Eltern. »Ich muss euch was erzählen«, sagte er. Besorgt fragten Zeliha und ihr Mann, was los sei. »Ich habe die Firma verloren«, gestand der Sohn, »und musste das Auto verkaufen.« Er war bankrottgegangen. Die Wohnungseinrichtung war gepfändet worden, er stand buchstäblich in seinem letzten Hemd vor ihnen.

Zeliha konnte es zunächst nicht fassen. Sie schimpfte und jammerte und gab ihm, dem fast 30-Jährigen, eine saftige Ohrfeige dafür, dass er so leichtsinnig oder so dumm gewesen war. Natürlich widersprach er nicht, wie sollte er auch, sie war schließlich seine Mutter. Am nächsten Tag zog er mit gesenktem Kopf und mit den nötigsten Habseligkeiten in die Wohnung der Eltern ein. Die schoben ein paar Möbel zur Seite, stellten ein Bett für ihn auf und richteten provisorisch ein Zimmer für ihn ein. Er hatte hoch und heilig versprochen, alles wieder in den Griff zu bekommen. Mit den anderen beiden Geschwistern und dem Vater wurde eine Krisensitzung durchgeführt. Für Zeliha war klar, dass die Familie nun zusammenhalten musste, in einer solchen Situation noch mehr als sonst. »Ihr beiden habt doch Erspartes, gebt das jetzt mal eurem Bruder!«, sagte sie zu den beiden anderen Geschwistern. »So sollte das sein«, stimmte ihr Mann zu. »So haben wir das früher auch gemacht, Kinder.« Und das hatten sie tatsächlich.

Der Jüngste war empört, dass er sein sauer erspartes Geld hergeben sollte, doch Zeliha wusch ihm ordentlich den Kopf, dass er als anständiger Bruder seiner Familie beizustehen hätte und dass die anderen beiden und die Eltern genau das Gleiche auch für ihn tun würden. Das weichte sein Herz auf und mit nur noch leisem Zähneknirschen willigte er schließlich ein. Für seine Schwester war es selbstverständlich, dass sie ihrem Bruder jetzt helfen musste, und dass sie nun auf die Sachen, die sie sich mit ihrem Ersparten hatte leisten wollen, auf unbestimmte Zeit verzichten musste, nahm sie für ihn gerne in Kauf.

Es tat dem Ältesten gut, den Rückhalt seiner Familie zu spüren, für die er selbst in schlechten Zeiten auch immer da gewesen war, als echter *Abi*, als älterer Bruder. Monate dauerte es noch, bis er neuen Mut fand und wieder aufrecht durchs Leben gehen konnte, so erzählte er es später, weil er keine Bank fand, die einem Gescheiterten wie ihm noch einen Kredit geben wollte, und nur mit der Unterstützung der Familie und mit viel Selbstdisziplin schaffte er es schließlich doch noch. Zusammen mit einem Freund baute er ein Geschäft für Mobiltelefone auf und schuf sich so wieder eine Existenzgrundlage, die er erweitern und ausbauen wollte.

Zeliha hatte nicht nur deswegen so auf die Unterstützung der Geschwister gepocht, weil die Bande der Familie für sie traditionell so wichtig waren. Es gab noch einen anderen Grund, warum sie so darauf bestand, dass ihre Kinder auch in schwierigen Zeiten zusammenhielten, und sie erfuhren ihn schon kurze Zeit später. Die Eltern hatte das Heimweh gepackt, und Zeliha und ihr Mann beschlossen, von nun an in der Türkei zu leben. Für den Anfang zumindest für die Hälfte des Jahres, denn nach sechs Monaten wollten sie zurück nach Deutschland einreisen, da sie sonst ihr Aufenthaltsrecht verloren hätten.

Als die Kinder das hörten, begriffen sie zunächst nicht, was dies für sie bedeutete. Sie glaubten, jeder würde sein Leben weiterleben, und damit wäre es getan. Für die Eltern war es natürlich ein großer Schritt. Sie gaben das Geschäft auf, das ohnehin rote Zahlen schrieb, erledigten alle nötigen Formalitäten und machten sich unverzüglich fertig für die Reise. Zeliha erteilte ihren Kindern noch eine Menge guter Ratschläge, vor allem dem Jüngsten, den sie endlich für reif genug hielt, dass er alleine zurechtkommen würde. Und als sie beim Abschied weinte und alle Nachbarn in ihre Wohnung kamen, um sie zu verabschieden, da tröstete sie sich mit dem einen Gedanken, dass sie das Wichtigste, was es für sie gab, gut auf diesen Tag vorbereitet hatte: ihre Kinder. Die Aufgabenverteilung unter den Geschwistern war geklärt, sie hatten alles Wichtige besprochen, und nun brachten sie ihre Eltern zusammen zum Flughafen. Für Zeliha und ihren Mann war es ein großes Ereignis. Zum ersten Mal nach all den Jahren verließen sie Deutschland, und wer konnte schon sagen, ob sie nicht sogar ganz in der Türkei bleiben würden, ob das Abenteuer Deutschland für sie nicht vielleicht bald zu Ende war? Fast war es so, wie in der Zeit, als sie ihre Eltern verlassen hatten und nach Deutschland gekommen waren. Jetzt verließen sie ihre Kinder und waren wieder von denen getrennt, die sie liebten.

»Endlich Ruhe, endlich keine meckernde Mutter mehr im Nacken«, dachte sich aber der Jüngste, als er ihr nachwinkte. Verständnislos sah er seine Schwester an, der die Tränen die Wangen hinunterliefen. Es dauerte viele Monate, bis er verstand, was wirklich geschehen war, bis er die leere, stille Wohnung und die verstaubten Bilderrahmen leid geworden war. Monate, in denen er kein einziges Wort Türkisch gesprochen und seine Schwester und seinen Bruder ständig abgewimmelt hatte, wenn sie versucht hatten, mit ihm Kontakt aufzunehmen. Monate, in denen er genug Zeit gehabt hatte, um zu verstehen, dass das Leben alleine doch gar keinen Spaß machte, wenn – ja, wenn man es doch viel besser mit den besten Geschwistern der Welt genießen konnte.

So griff er eines Tages schließlich zum Hörer, rief seine *Abla* und seinen *Abi* an und fragte, wie es ihnen ging. Dann rief er auch die Eltern in der Türkei an und sagte: »Mama, mach dir keine Sorgen, wir halten zusammen.«

Seitdem reden die Leute im Viertel stets von »Zelihas Kindern«, die zwar alle verschieden waren, aber so zueinanderstanden, wie es die Mutter immer gewollt hatte. Und ihre Geschichte ist noch längst nicht zu Ende, denn das Leben hat noch viele, viele Überraschungen.

Die Königin der Flimmerkiste

Es ist schon beinahe ein Ritual. Der Freitagabend gehört ihr, und danach haben sich alle zu richten. Dann räkelt sie sich wie eine Monarchin auf dem Sofa neben ihren Eltern, legt die Beine hoch und dirigiert mit der Fernbedienung den Abend, denn der gehört ihr.

Sie hat ihn gut vorbereitet. Zuerst Tee gekocht für sich, Mama, Papa und die Geschwister, dann den Tisch mit Knabbereien und Schokolade bestückt, während die anderen für Obst und Kuchen sorgten. Dann endlich kommt der Zeitpunkt des Genusses. Der Ton wird lauter gestellt, die Farbeinstellung optimiert und schon kann es losgehen. Der Mann mit dem umwerfenden Charme ist da – *Hoşgeldiniz!* Herzlich willkommen in Istanbul.

Egal, ob Gäste da sind oder ob auf einem anderen Kanal ein Hollywoodknüller läuft – an diesem Abend gehört der Fernseher ihr, und die ganze Familie schaut mit, denn der bestaussehende Mann der Türkei, Beyaz, der »sexiest Turkish man alive«, der Mann mit dem unschlagbaren Lachen, der Mann, dem die türkischen Fernsehzuschauerinnen zu Füßen liegen, hat heute Abend seine Show. Serap, die bald Abitur macht, würde ihn um nichts auf der Welt verpassen. Wenn Beyaz kommt, dann wird ihr Abend gemütlich. Er ist ein echter Gentleman, der Traum türkischer Schwiegermütter und der Traum junger Mädchen wie sie.

Beyaz ist bei den Türken in der Türkei genauso beliebt wie bei denen in London, Paris oder Berlin. Sein Programm ist proppenvoll und zuckersüß. Popstars, die gerade eine neue CD herausgebracht haben, Models, die für einen neuen Designer laufen, Schauspieler, deren neuester Film im Kino anläuft, Fußballer, die Supertore schießen, oder ganz normale Menschen, die im Internet oder irgendwo im Lande mit witzigen Dingen von sich reden machen. Oder auch Türken aus Deutschland. Der Regisseur Fatih Akin saß schon bei ihm auf der Couch, und Kaya Yanar, der in der Sendung als Türke angekündigt wurde, outete sich damit, dass er kein Wort Türkisch sprach und sogar eine Dolmetscherin mitbrachte. Auch in solchen Situationen bleibt Beyaz immer höflich und überspielt peinliche Momente mit ein paar Witzen, die nie auf Kosten seiner Gäste gehen.

Und wenn auch das nicht mehr hilft, dann spielt seine Liveband ein nettes Stück, und das Publikum, das fast nur aus Schülern und Studenten besteht, die alle auf dem Boden sitzen, amüsiert sich und jubelt. Beyaz, der eigentlich am Tisch sitzen und die Gäste ausfragen sollte, hat seinen eigenen Kopf. Meist läuft er auf der Bühne herum, setzt sich zu den Gästen aufs Sofa, tanzt oder singt und macht Spontanaktionen mit dem Publikum, mit seinem Orchester oder mit seinen Gästen. Ältere Gäste empfängt er gerne respektvoll mit Handkuss, und das Publikum dankt es ihm mit viel Applaus und Jubel.

Beyaz flirtet aber auch mit den Mädels auf der Couch, die meist bittersüß aufgestylt sind und nicht selten im Minirock oder mit offenherzigem Dekolleté auftauchen. Er scherzt mit den Männern und albert herum, manchmal greift er auch selbst zum Mikrofon und singt, obwohl er einen leichten Sprachfehler hat. Er kann das R nicht rollen, wie er es tun sollte, aber diesen kleinen Fehler würde ihm niemand übel nehmen, denn das, was Beyaz ausmacht, sind seine Gutherzigkeit und seine Höflichkeit. Er würde niemals etwas Boshaftes sagen, und wenn, dann würde er vor Scham erröten und sich sofort entschuldigen. Beyaz will ausgelassen sein und Spaß haben und seine Zuschauer wollen das auch. Das ist der Grund, warum seine Show eine der beliebtesten im türkischen Fernsehen ist und warum man sie in dieser Form nirgendwo sonst zu sehen bekommt, vor allem nicht auf einem deutschen Kanal, obwohl er selbst schon bei mehreren deutschen Sendern zu Gast war. Türkische Menschen sind, wie wahrscheinlich viele Südländer, emotional und sentimental, und sie zeigen das gerne und ohne

Umschweife, direkt und ungeniert, wie eben auch Beyaz. Er weint, wenn eine Oma in die Sendung kommt und ihren Enkel sucht oder ein alter Kriegsveteran in der Show ein Lied singt, und das halbe Publikum weint mit. Aber genauso jubelt und tobt der ganze Saal mit Beyaz, wenn er drei Minuten später beim Auftritt einer Sängerin feurig zu tanzen beginnt. Gefühle sind schließlich da, um ausgelebt zu werden, zumindest im türkischen Fernsehen. Einen kleinen Geschmack davon bekamen auch die deutschen Zuschauer, als die Türkei 2004 Gastgeber des Eurovision Song Contest war. Während Max Mutzke für Deutschland auftrat, planten Beyaz und Stefan Raab eine gemeinsame Sendung. Nichts hätte die Unterschiede der beiden Moderatorenstars deutlicher machen können. Beyaz überragte Stefan haushoch mit seiner Liebenswürdigkeit, und der wiederum übertraf ihn mit seinem schelmischen Humor. Es ist schön, wenn man vergleichen kann, und es ist schön, wenn man Dinge sehen und verstehen kann, die es im deutschen Fernsehen nicht gibt. So geht es Serap, wenn sie die Fernbedienung in der Hand hat.

Ihr Lieblingsshowmaster Beyaz ist zwar eine Koryphäe auf seinem Gebiet, aber er ist längst nicht der Einzige, der türkischsprachige Zuschauer in seinen Bann zieht. Vor allem die Frauen werden mit einer türkischen Spezialität zum Fernsehen verführt, die es so weder im deutschen Fernsehen gibt noch wahrscheinlich in einem anderen. »Frauenprogramme« heißt das Mattscheibenzauberwort, ein Format, das die türkischen Fernsehmacher erfunden haben, um sich damit eine goldene Nase zu verdienen.

Schon am frühen Morgen beginnen diese Programme, die von berühmten Sängerinnen oder Fotomodels moderiert werden. »Die Sultanin des Morgens« oder »Morgenbonbons« heißen nur zwei von ihnen, in denen die Studiogäste überwiegend, aber nicht ausschließlich Frauen sind. Auch Männer, die ihre Liebste nach einer Trennung zurückgewinnen wollen, die von ihrer Frau schlecht behandelt wurden und jetzt Rat suchen oder die irgendein Beziehungsproblem lösen wollen, können das vor einem Millionenpublikum tun. Meistens sitzen in der Runde auch Expertinnen und Experten, die den Betroffenen helfen sollen.

»Mein Mann betrügt mich, was soll ich tun?«, »Wer ist mein richtiger Vater?«, »Meine Mutter will nicht, dass ich heirate!«, »Wie kann ich meine Brust vergrößern lassen?«, »Mein Mann hat mich geschlagen, was kann ich tun?«, »Warum kommt mein Sohn nicht nach Hause?« und so weiter und so fort. Unzählige Leiden und Wehwehchen werden diskutiert oder besser gesagt: bequatscht, denn es kommt nicht selten vor, dass alle durcheinanderreden und die Moderatorin plötzlich aufsteht und zu singen beginnt oder jemand eine Tanzeinlage bringt und alle mitklatschen, obwohl kurz zuvor noch das ganze Studio über irgendwas geweint hat. Herz und Schmerz und Trallala, im wahrsten Sinne des Wortes. Aber die Sendungen sind wichtig, weil sie die Frauen unterhalten und informieren. Männer schauen sie nicht selten an, um die Welt der Frauen zu verstehen – und schütteln nicht selten den Kopf über soviel sentimentales Temperament – auch in Deutschland. Im türkischen Fernsehen können die Zuschauerinnen und Zuschauer, egal von wo sie einschalten, hemmungslos sie selbst sein und ihre althergebrachten oder kulturellen oder wie auch immer aussehenden Eigenarten gespiegelt bekommen, ohne sich dafür belächeln lassen oder rechtfertigen zu müssen. Und das alles noch in einer so bildreichen Sprache wie der türkischen, die ihnen ans Herz gewachsen ist. Das kann wohl keine deutsche Sendung und kein deutscher Moderator bieten. Muss er aber auch nicht, denn dafür gibt es ja das türkische Fernsehen.

In dessen Angebot gibt es natürlich auch Programme für

Männer, die ebenfalls nicht schlecht sind. Die finden zwar nicht als Shows statt und sind auch längst nicht so schillernd und bunt wie die Sendungen für Frauen, aber dafür wird dort umso mehr geflucht und gewettert. In den berühmten Fußballsendungen geht es hoch her – kein Vergleich zum *Aktuellen Sportstudio*! Da wird viel analysiert und über die Qualität von Vereinsmanagern und Spielern philosophiert, auch mal in einem Ton, der unter die Gürtellinie zielt und den Studiogästen Negativberichte in sämtlichen Zeitungen einbringt. Um das Ganze aufzulockern, wurde vor einigen Jahren eine Sendung entwickelt, die inzwischen Kult geworden ist, viel kritisiert und oft kopiert wurde. *Televole* – ein Magazin mit dem neuesten Klatsch über türkische Sportler und vor allem über schöne Frauen.

Heute gibt es mehrere solcher Sendungen, die oft zwei Stunden oder länger dauern und von Insidern auch »Poposhow« genannt werden, weil die Reporter vor allem in den Sommermonaten ausgiebig von den türkischen Stränden berichten. Paparazzi machen dann Jagd auf Popsternchen, die heimlich mit ihren Liebhabern knutschen oder ihre Cellulite unter Pareos verstecken. Die neuesten Bikinimodelle der Saison werden vorgestellt, gerne auch direkt an ahnungslosen Modellen (zum Beispiel in Form von Touristinnen in Pose am Strand oder beim Schmusen mit ihrem türkischen Urlaubsflirt). Zwischendurch gibt es Clips mit den schönsten Bikinioberteilen oder mit den schönsten Bikinihöschen von hinten.

Der ultimative Infotrend in den Shows aber sind Klatsch und Tratsch aus der türkischen Promiwelt. Wer ist wo aufgetreten, wer wurde mit wem in welchem Club beim Knutschen erwischt, wer hat wen verlassen, betrogen, belogen, befummelt, beschwipst gemacht oder bezirzt. Ging es am Anfang noch um Fußballer und ihre sportlichen Eskapaden in der Frauenwelt, so dreht sich heute alles um sämtliche Diven und (Möchtegern-)

Sternchen. Sollten sich Moderatorin Gülcan oder Sänger Muhabbet mal ins Istanbuler Nachtleben verirren, könnte es gut sein, dass auch sie in einem dieser Magazine auftauchen. Dann sieht man die deutschländischen türkischen Stars mal von einer ganz anderen Seite.

Die »normalen« Türken aus Deutschland sieht man in anderen beliebten Programmen, zum Beispiel in Castingshows. So, wie sie in Deutschland Bohlen und Kollegen amüsieren oder sogar wirklich Karriere auf der Fernsehbühne machen, so tun sie das auch im türkischen Fernsehen, wenn sie auf Türkisch singen möchten. Ab ins Flugzeug und drei, vier Stunden später steht man schon auf der »Türkei-sucht-den-Superstar«-Bühne. Einige Jungs und Mädchen aus Deutschland haben es dort schon geschafft und sind unbemerkt von der deutschen Öffentlichkeit zu kleinen Popstars im Land ihrer Herkunft geworden, meist mit schmusigen Liedern, die beim deutschen Publikum wahrscheinlich nie eine Chance hätten. Aber es sind nicht nur die Amateure, die das türkische Publikum in den Bann ziehen, auch waschechte Profis.

Wenn die Top-Ten-Chart-Shows auf KralTV oder Kanal D oder ATV laufen, dann ist immer wieder auch ein Name aus Deutschland dabei: Ismail YK, der Mädchenschwarm aus Hamm. Ismail trat schon als Kind zusammen mit seinen drei Brüdern und seiner Schwester auf türkischen Hochzeiten im Ruhrgebiet auf und wurde über die Jahre ein Profi. Dann drehten die Geschwister Videoclips, brachten sie ins türkische Fernsehen und sind seitdem von dort nicht mehr wegzudenken. In seiner Heimat in Deutschland hätte seine Musik kaum Chancen, und wohl deshalb wurde hier auch nie über ihn berichtet. In der Türkei landet er regelmäßig auf Platz eins. Ismail und Rafet El Roman, der auch aus Deutschland stammt, sind richtige Stars und waren auch schon bei Beyaz und in einigen Frauenshows. Nur Tarkan, der andere Türke, der aus Deutschland stammt, lässt sich dort niemals blicken – der hält sich für einen Weltstar, weswegen er als hochnäsiger Snob gilt. Ismail YK war zudem auch schon in ernsten Sendungen zu Gast, in denen zum Beispiel über die Türken in Deutschland gesprochen wird.

Informationen und Nachrichten aus der ersten Heimat, aus dem Land, in dem man Verwandte hat, in dem man gerne Urlaub macht, müssen sein. Wenn man schon die Sprache und die Kultur versteht, dann will man dieses Verständnis auch nutzen und rundum informiert sein. Schließlich tauchen alltägliche Nachrichten aus der Türkei im deutschen Programm in der Regel nicht auf, und wenn man auf dem Laufenden bleiben will, muss man einen anderen Zugang finden.

Der kanadische Medientheoretiker Marshall McLuhan hat einmal gesagt: »Das Fernsehen hat die Welt zu einem elektronischen Dorf gemacht.« Für niemanden trifft das wohl mehr zu als für die modernen Wanderer, die aus dem einen Land stammen und seine Kultur in sich tragen und in einem anderen Land sesshaft geworden sind.

Wie die Menschen mit diesem elektronischen Dorf umgehen, entscheidet jeder selbst, und wie sie ihren Nutzen daraus ziehen, auch. Für manche ist das türkische Fernsehen via Satellit vielleicht ein elektronisches Traumdorf, in das sie sich vor ihren Alltagssorgen flüchten. Für manche ist es aber auch ein großer Gewinn, weil sie ihre türkischen Sprachkenntnisse pflegen können, die andernfalls verkümmern würden, weil sie ihre Kenntnisse über Land und Leute ausbauen können, über die man in deutschen Medien kaum etwas erfährt, und weil sie im Auge behalten können, was in dem Land passiert, in dem sie noch Verwandte und Freunde haben oder an dem ihr Herz hängt. Für sie ist das Fernsehen nicht nur ein Dorf, sondern vielleicht auch eine elektronische Brücke.

Früher, als es noch keine Satellitenschüsseln und kein Kabelfernsehen gab, da half man sich mit Fernsehen aus der Konserve. Videos waren damals der Stoff der Träume, und in den 1980er Jahren liefen in türkischen Haushalten in Deutschland die Rekorder heiß, während sich die Familien, Freunde und Nachbarn davor versammelten.

Heute sind die Filme von damals türkische Nostalgie, bei der sich fast jeder an seine Kindheit oder Jugend erinnert fühlt, an eine Zeit, als man gerade erst in Deutschland angekommen war. Die Stars von damals, Kemal Sunal, Türkan Soray oder Kadir Inanir, sind mittlerweile Kult geworden, so wie Marilyn Monroe oder James Dean. Fast jedes türkische Kind kennt sie, ihre Poster hängen manchmal in modernen Cafés in Köln oder Berlin, und wenn man sie anschaut, dann sieht man nicht nur Filmschauspieler, sondern auch ein Stückchen der eigenen Geschichte in Deutschland.

Wenn Serap Fernsehen schaut, dann nascht sie aus der Programmvielfalt wie aus einer Pralinenschachtel. Sie mag dunkle Schokolade genauso wie helle, türkisches Programm genauso wie deutsches, auch wenn beide einen anderen Geschmack haben. Für Olli Pocher, Stefan Raab oder Ulrich Wickert wird sie immer eine Ausländerin sein, eine »von den anderen«, über die sie auch so reden. Für Beyaz ist sie es nicht. Vielleicht ist es dieses Gefühl der Vertrautheit, dass ihr seine Show so sympathisch macht. Es wird immer auch Pralinen geben, die Serap nicht mag und die sie deshalb einfach in der Schachtel liegen lässt und den Deckel zumacht. Das ist auch das Beste, denn zu viele Pralinen sind bekanntlich ungesund.

Das müssen sich auch ihre Eltern gedacht haben. Als Seraps Lieblingsshow schließlich irgendwann gegen Mitternacht zu Ende ist, da ist es leer um sie herum geworden. Mama und Papa haben sich längst unbemerkt hinausgeschlichen, der Bruder ist in seinem Zimmer eingeschlafen, und auf dem Tisch stehen nur noch leere Teller. Die räumt Serap noch rasch weg und machte die Bühne frei für den nächsten Tag. Denn am Samstag darf ihr Bruder bestimmen, was geguckt wird, und Samstag ist Spielfilmtag im deutschen Fernsehen.

Eine *Abla* ist eine *Abla*

Ich ratterte mit der U-Bahn durch die dunkle Kölner Unterwelt. Die Bahn war voll besetzt, und alle schauten sich an und schwiegen. Bis auf drei Jungs, die auf einem Viererplatz mir gegenübersaßen. Sie waren etwa 13 oder 14 Jahre alt und redeten mal Deutsch mit kölschem Akzent und mal Türkisch. Sie waren frech und dreist und laut und fluchten und alberten herum, als wären sie alleine in der Bahn.

Ich schaute sie mir eine Weile an, und als sie anfingen, aggressiv zu werden, da sagte ich auf Türkisch: »Setzt euch hin und hört auf so unerzogen zu reden! *Terbiysizler. Ayıp lan sizin yaptığınız*! Schämt Euch mal ein bisschen!«

Die Jungs waren überrascht und schauten sich gegenseitig an. Zwei von ihnen setzten sich sofort hin und waren still. Der Dritte schaute mich grimmig an und keifte mit verbitterter Miene: »Was mischst du dich denn ein? Du hast doch gar nichts zu sagen!« Ich fasste ihn am Ohrläppchen, warf mein Kinn vor und sagte: »Ich hab nix zu sagen? *Bidaha söyle bakiim*! Sag das noch mal! Was heißt hier, ich hab nix zu sagen, bin ich nicht eine *Abla*?!«

Er schlug meine Hand weg und sagte: »Na und! Du bist aber nicht meine *Abla*.«

Abla bedeutet »große Schwester«, aber außer zur leiblichen Schwester sagt man das im Türkischen auch respektvoll zu Mädchen und Frauen, die älter sind als man selbst.

Ein älterer Herr mit grauen Haaren und Anzug, der einen Sitz vor uns saß und den ich kaum bemerkt hatte, beugte sich plötzlich vor und sagte zu dem Jungen: »*Abla abladır! Ne derse yapacaksın!* Eine *Abla* ist eine *Abla*, egal ob deine oder nicht. Man muss auf sie hören und tun, was sie sagt.« Die Jungs drehten sich trotzig weg und schwiegen.

Viele Türken in Deutschland haben ihre Traditionen bewahrt, aber manche von diesen sind dennoch in Gefahr, verloren zu gehen. Eine ist zum Beispiel der Respekt vor der Macht der *Ablas*, der Mädchen und Frauen. Bei den älteren Frauen kann man es verstehen. Sie waren in Deutschland völlig fremd, als sie hier ankamen. Sie hatten oft wenig Schulbildung, fühlten sich vielleicht schwach und klein in diesem riesigen fremden Land; das drückte ihr Selbstbewusstsein. Die Männer konnten besser Geld verdienen, die Kinder gingen zur Schule und konnten sich besser zurechtfinden. Und sie? Was konnten sie? Vieles natürlich, doch was zählte das in einem Land, in dem andere Sitten und andere Werte galten als in ihrer Heimat der 1970er Jahre?

In der Türkei gibt es üblicherweise eine starke Frauensolidarität. Nachbarinnen und Arbeitskolleginnen sind oft auch Freundinnen, selbst entfernte Verwandte sind wie Geschwister, Mütter und ältere Schwestern sind gerne für einen da. Und hier? In Deutschland kennen sich Nachbarn oft kaum, weil jeder sein eigenes Leben führt, nach der Arbeit gehen Kolleginnen ihre eigenen Wege. Mütter und Verwandte hatten die meisten jungen Frauen, die nach Deutschland kamen, hier keine. Sie waren allein – mit Mann und Kindern. Sie mussten zusehen, wie sie zurechtkamen, ohne den Trost und den schwesterlichen Rückhalt anderer Frauen. Darunter kann das Selbstbewusstsein schon mal leiden und der Respekt verloren gehen, wenn er nicht mehr eingefordert wird.

Ich selbst bin zu Hause fünffache *Abla* und meine Geschwister und Nachbarskinder können ein Liedchen davon singen. Ich bin gerne *Abla*, immer und überall, denn *Abla* zu sein ist ein Teil vor mir, ich bin es schon seit meiner Kindheit. Diese Frauenpower sollte das Letzte sein, was durch die Anpassung der Türken an deutsche Lebensverhältnisse verloren geht. Diese Frauenpower hat nichts mit Emanzipation zu tun oder mit Politik. Sie hat nichts zu tun mit weiblicher Arroganz oder Verachtung von Männern. Im Gegenteil, *Ablas* sind auch für die Männer da. Die *Abla*-Macht ist schon so alt wie das türkische Volk, sie ist pure weibliche Autorität, und sie erwächst aus der Lebenserfahrung als Mädchen und als Frau. Sie beinhaltet ein unanfechtbares Recht auf Anerkennung und Respekt vor dem, wovon ältere Mädchen und Frauen viel zu geben haben: Fürsorge, Mitgefühl, Hilfsbereitschaft und Verantwortung zum Beispiel.

Türkische Mädchen lernen diese Dinge üblicherweise schon sehr früh und beiläufig, indem sie sich unter Anleitung der Mütter um die Geschwister kümmern, die Küchenkultur und Haushaltsführung lernen oder die Verantwortung der Mütter in der Familie teilen und mitdenken, sich um alte Leute oder Kranke in der Nachbarschaft und um Verwandtschaft kümmern und einiges mehr. Wer in solch einer Familie aufwächst, für den ist es selbstverständlich, dass *Ablas* etwas zu sagen haben und dass man darauf hören muss.

Wenn eine *Abla* ihren jüngeren Geschwistern sagt, sie sollten bitte einkaufen gehen und dieses oder jenes besorgen, dann gibt es daran nichts zu diskutieren: Es wird getan, Punkt. Wenn sie einen befreundeten Nachbarsjungen bittet, sie irgendwo hinzufahren oder ihr vielleicht sogar sein Auto zu leihen oder den Zaun zu reparieren oder etwas Schweres für sie zu tragen, dann wird er ihr das selten abschlagen. *Ablas* müssen nicht autoritär sein, im Gegenteil, sie können zuckersüß und herzenslieb sein, warum auch nicht? Die *Abla* ist oft auch diejenige, die man um Rat fragt, der man seine Geheimnisse anvertrauen kann, die man immer um Hilfe bitten kann und die sich bemühen wird, Verständnis zu haben. Sie hilft den Jüngeren bei den Schularbeiten, leiht ihnen Geld, wenn sie welches brauchen, oder lässt sie bei sich wohnen, wenn sie eine eigene Wohnung hat. Sie setzt sich für die Jüngeren ein, nimmt sie in Schutz, ist Vermittlerin zwischen ihnen und den Älteren der Familie, und sie ist die, bei der sich eines Tages die Familie versammeln wird, wenn die Mutter nicht mehr lebt.

Man kann auch viele *Ablas* haben, und jede *Abla* hat natürlich ihre eigene Art und ihren eigenen Charakter. Manche sind dickköpfig, manche herrschsüchtig, manche nützen die Jüngeren aus, manche sind sehr verständnisvoll und gutmütig, manche streng oder kühl. Für manche tut man gerne alles, von anderen hält man sich lieber fern. Manche halten mehr zu den Eltern, manche opfern sich für einen auf. Manche sind flippig und egoistisch, wollen vom *Abla*-Sein nichts wissen. Manche sind konservativ, manche modern, manche sind klug und großherzig und manche mischen sich ständig in alles ein. So wie ich in der U-Bahn.

Als die nächste Haltestelle kam, stand ich auf. Auch die Jungs wollten losstürmen, und ich sagte: »*Yavaş olun, gürültü yapmayın.* Macht langsam und keinen Lärm!« Der eine äffte mich nach und ich schmunzelte heimlich und ließ es mir nicht anmerken. Dieser kleine Frechdachs, dachte ich. Ich wandte mich zur Tür und auch die Jungen drängelten nach vorn, da hielt der alte Herr die Jungs zurück und sagte: *»Önce Abla insin!* Zuerst soll *Abla* aussteigen.« Und ich schritt wie eine U-Bahn-Königin durch die Tür.

Es ist schade, wenn türkische Jugendliche und Eltern diese wunderbare Tradition verlernen und sich die Unsitte breitmacht, dass Jungen und Männer Narrenfreiheit gegenüber Mädchen und Frauen haben. Und es ist traurig, wenn wir unsere traditionelle Autorität nicht mehr pflegen und sie immer mehr in Vergessenheit gerät. Wir Türkinnen, die wir hier aufwachsen und gerne modern sein möchten, tun dies zunächst einmal nach der hiesigen Vorstellung von Weiblichkeit, mit der wir in Schule, Öffentlichkeit oder Medien aufwachsen und die wir erleben. *Ablas* gibt es darin nicht. Eine schöne weibliche Tradition geht so verloren, wenn man sie nicht bewusst weiterführt oder wenn man nicht zumindest manchmal in türkischen Läden einkaufen geht und mit einfachen, türkischen Menschen Kontakt hat. Denn *Abla* ist auch eine lockere, aber respektvolle Anrede für Mädchen und Frauen, wie ich kürzlich wieder erfahren durfte, als ich in einem türkischen Onkel-Ali-Laden Lebensmittel kaufen wollte. *»Buyrun Abla, ne istersiniz?* Bitte schön, *Abla*, was wünschen Sie?«, sagte ein Verkäufer, der auch mein älterer Bruder hätte sein können, und ich schmunzelte und fühlte mich sehr geehrt bei dieser herzlichen Höflichkeit.

Ältere Jungen und Männer nennt man übrigens *Abi*. Die haben auch viel Verantwortung und können viel für einen tun, aber sie dürfen nicht zuerst aus der Bahn aussteigen, sondern haben einer Dame den Vortritt zu lassen. *Abi* sein ist eine andere Geschichte.

Teil 2
Alles ändert sich
Deutschlandtürken von heute

Eine Reise nach Istanbul

Es gibt ein türkisches Sprichwort, das lautet: »*Üzüm üzüme baka baka kararır.*« Man kann es praktisch nicht wörtlich übersetzen: Es geht darin um Weintrauben, die an den Sträuchern und Ranken dicht beieinander hängen. So nehmen sie mit der Zeit die gleiche Farbe an wie die Nachbartrauben, sagt jedenfalls das Sprichwort. Was hat das mit Menschen zu tun?

Nichts anderes als dass wer immer mit bestimmten Menschen zusammen ist, ihnen mit der Zeit ähnlich wird. Wie viel Wahrheit in diesem Sprichwort steckt, wurde mir klar, als ich im vergangenen Jahr für längere Zeit nach Istanbul reiste. Immer, wenn ich mich in Deutschland unwohl fühlte, wenn ich dumme Sprüche über Ausländer hörte oder Klischees und Vorurteile, dann überkam mich ein unstillbarer Wunsch danach, in der Türkei zu leben, wie wenn man Heißhunger hat auf duftende Vanillewaffeln. Dann wollte ich dort leben und ein ganz normaler Mensch sein, wie alle anderen um mich herum auch.

Schon bald nach meiner Ankunft in Istanbul lernte ich viele verschiedene Leute kennen. Musiker und Tänzerinnen, Lehrerinnen und Schüler, Studenten und Dozenten, Designer, Schiffskapitäne, Museumswächter, Köchinnen, Reporter, Katzenzüchter, Kindermädchen, Zirkusartisten und viele andere. Manchen begegnete ich nur kurz, mit manchen freundete ich mich an, und einige werde ich hoffentlich bald wieder sehen. Ich wurde zum Essen eingeladen, ging auf Feste und Partys, ich machte Interviews, nahm an Versammlungen teil, besuchte Familien, lernte Verwandte und Nachbarn kennen, ging shoppen oder saß einfach in einem Cafe und beobachtete die Menschen. Nach einer Weile aber bemerkte ich seltsame Dinge.

Eine der Frauen, die ich kennen lernte, war zum Beispiel Ayten. Sie war die Freundin einer Musikerin, die ich auf einem Konzert kennen gelernt hatte. Eine junge Frau aus der Mittelschicht, arbeitete in einem Büro, hielt Katzen in der Wohnung, hatte zwei Geschwister, ihr Vater war Beamter, ihre Mutter Hausfrau.

Einmal lud sie mich und ihre drei Freundinnen zum Essen ein. Wir saßen an einem runden Tisch und in der Mitte standen mehrere Teller mit verschiedenen Gerichten, sodass wir uns bedienen konnten. Kaum hatte ich den Löffel in der Hand, griff ich fröhlich zu und begann zu essen. Doch dann wurde es still am Tisch. Als ich den Kopf hob, sah ich, dass die Frauen mich verwundert anschauten, und dann blickten sie sich gegenseitig an. Ich schluckte meinen Bissen hinunter und überlegte, was ich falsch gemacht hatte.

Plötzlich fiel es mir ein: Natürlich, ich Egoistin. Ich hatte einfach angefangen zu essen. Das gehört sich nicht an einer türkischen Tafel. Ich hätte mich erst vergewissern sollen, dass alle gut bedient sind, ich hätte fragen sollen, ob die Damen noch irgendetwas benötigen, ob ich vielleicht Wasser bringen soll oder ob ich jemandem Salat geben kann, ob noch jemand Brot braucht oder sonst irgendetwas. Mich hatten sie dies alles schon gefragt, und erst jetzt wurde mir das bewusst. Die Frauen waren es so gewöhnt, und das unachtsame Verhalten einer Türkin aus Deutschland überraschte sie sehr.

Erst später wurde mir richtig klar, wie unhöflich ich gewesen war. Mir fiel ein, wie meine Großeltern und meine Tanten im Dorf meiner Eltern uns immer bei Tisch verwöhnten, wenn wir aus Deutschland zu Besuch bei ihnen waren. Wie sie, obwohl sie nur sehr knapp bei Kasse waren, uns immer sehr großzügig bewirteten und wie sie sich stets vergewisserten, dass alle gut versorgt waren, bevor wir mit dem Essen begannen. In Deutschland hatte ich offensichtlich dieses Ritual verlernt. Hier gibt es eine etwas andere Tischkultur und es wird vielleicht mehr auf andere Dinge geachtet. Wenn einem etwas fehlt, wird man sich schon melden, das ist selbstverständlich. Niemand erwartet, dass man sich zuerst um die Bedürfnisse der anderen sorgt, bevor man zu essen beginnt, im Gegenteil. Zuerst an sich selbst zu denken wird niemandem übel genommen. Eine Einstellung, die ich, ohne es zu merken, übernommen hatte und die mir erst Ayten und ihre Freundinnen deutlich machten. Sie meinten, ich sei ja total verdeutscht.

Und sie hatten offenbar Recht. Das wurde mir eines Tages noch deutlicher, als ich einen Verein besuchen wollte. Ich hatte etwas getrödelt und auch die Fahrt verzögerte sich, sodass ich zu spät kommen würde. Unterwegs zitterte und bangte ich schon, weil mir das peinlich war und ich malte mir die vorwurfsvollen Gesichter aus, die mich empfangen würden. Ich überlegte hin und her, wie ich den Leuten erklären könnte, dass ich es leider nicht rechtzeitig geschafft hatte. In Deutschland fühle ich mich immer schlecht, wenn ich unpünktlich bin und das bin ich ziemlich oft. Nun kam ich fast eine halbe Stunde zu spät im Verein an. Ich hatte meine Entschuldigung parat und rechnete mit dem Schlimmsten. Aber was war das? Ich stand vor der Tür und sie ging nicht auf. Niemand war da. Nervös schaute ich mich um – war ich vielleicht an der falschen Adresse? Sie stimmte. Ich klingelte erneut und klopfte hektisch, doch nichts passierte. Dann öffnete sich ein Fenster und eine Nachbarin schaute heraus. »Wollen sie zum Verein?« Ich bejahte das und die Frau fuhr fort: »Die sind noch nicht da. die kommen bestimmt gleich.«

Gott sei Dank, dachte ich und atmete auf, aber gleichzeitig wunderte ich mich sehr und musste sogar schmunzeln. Da hatte ich mir völlig umsonst so viel Stress gemacht. Als nach einer Weile die Mitglieder allmählich eintrudelten, begrüßten sie mich, und wir gingen hinein, als wäre nichts gewesen. Niemand entschuldigte sich, niemand fühlte sich unwohl, weil er zu spät kam. Man war eben etwas später da, und das war nicht der Rede wert.

Diese Gelassenheit fand ich sehr sympathisch, und mir wurde klar, wie sehr ich die berühmte deutsche Pünktlichkeit verinnerlicht hatte, auch wenn ich es oft nicht schaffte, sie einzuhalten. Dabei geht es gar nicht nur um ein paar Minuten Zeit. Vielmehr geht es um eine bestimmte Lebenseinstellung, darum, dass man einfach lockerer ist und das Leben südländisch leichtnimmt, was ich sehr wohltuend finde.

Erlebnisse wie diese, bei denen ich merke, wie ich mich als eine aus Deutschland kommende Türkin von denen in der Türkei unterscheide, hatte ich oft. Ich habe mehrmals erlebt, wie Geschäftsleute lange nach Ladenschluss noch einmal die Türen für einen Kunden öffneten, weil der noch dringend etwas brauchte, wie Busfahrer Leute kostenlos mitnahmen, weil sie kein Geld hatten, oder wie Menschen einfach Regeln übertraten, nur um jemandem zu helfen. Das macht in Deutschland kaum jemand – auch Türken dort machen es selten, wenn auch vielleicht öfter als manche Deutsche. Wenn ich dagegen in Istanbul beim Friseur oder beim Schneider auf exakte Erfüllung meiner Wünsche bestand, da ich schließlich dafür bezahlte, dann wunderten sich die einheimischen Kunden über diese komische, aufgeregte Türkin, während sie selbst stets gelassen blieben.

Diese und viele andere Situationen haben mir gezeigt, dass wir Türken in Deutschland in vielen Dingen die deutschen

Gepflogenheiten übernommen haben. Sie sind uns selbstverständlich und meistens merken wir es nicht einmal.

Das heißt natürlich nicht, dass alle Türken in der Türkei gleich sind, ebenso wenig wie alle Deutschen gleich sind. Aber es gibt Verhaltensweisen, die wir Menschen im Zusammenleben kultivieren und die aufeinander abfärben. Vielleicht wie bei den Weintrauben.

Jedes Jahr siedeln fast 5 000 junge Türkinnen und Türken aus Deutschland in die Türkei über, und einige von ihnen lernte ich kennen. Sie veranstalten große Treffen und tauschen sich aus über die unzähligen gemeinsamen Lebenserfahrungen in Deutschland. Türken, die in Deutschland aufgewachsen sind, sind anders als in der Türkei. Abgesehen davon, dass auf diesen Treffen wesentlich mehr Bier getrunken wird, wie die Kellner erstaunt feststellten, sind die *Almancı,* die Deutschlandtürken, meist sensibler für Umweltschutz und gesundheitsbewusste Ernährung, haben mehr Verständnis für die Privatsphäre anderer und sind nicht gleich beleidigt, wenn jemand alleine sein will, wie es oft bei Türkeitürken der Fall ist. Und ich hatte den Eindruck, sie sind distanzierter und reservierter, auch regelversessener. Das sind alles Eigenschaften, die man eher den Deutschen zuschreibt, und vielleicht sagen deshalb viele Türkeitürken über uns, wir seien verdeutscht – *almanlasmıs.*

Diese Verdeutschung der Türken wird besonders geschätzt von deutschen Firmen, die in der Türkei eine Niederlassung haben, und es gibt inzwischen mehrere Tausend von ihnen. Deutschlandtürken werden dort mit Handkuss genommen, weil sie den Ruf haben, die »deutschen Tugenden« verinnerlicht zu haben. »Diszipliniert, pünktlich, korrekt, präzise«, so erklärte es mir der Personalchef einer deutschen Fluggesellschaft in Istanbul.

Türken in der Türkei gelten dagegen als locker und bequem, aber dafür als kreativer und flexibler. »Türkisches Personal aus Deutschland hat beide Qualitäten, die deutschen und die türkischen, und sie können sich gut in die deutschen Kunden hineinversetzen«, sagte der Personalchef. Das kann man nur, wenn man auch selbst so ist – mehr oder weniger verdeutscht. Nur die Deutschen in Deutschland scheinen das nicht zu bemerken. Oder doch?

Kein Handkuss für die Tante

Zu besonderen Anlässen, wie etwa an religiösen Feiertagen, kann es vorkommen, dass die Wohnung voll wird. Meist sind es Nachbarn, die unangekündigt zu einer Stippvisite vorbeikommen, oder Bekannte und Freunde der Familie, die wenigstens einmal im Jahr zeigen wollen, dass sie einen nicht vergessen haben. Die Ehre gebührt dabei besonders den älteren Leuten in der Familie, also den Eltern oder Großeltern.

So ziehen junge Mütter und Väter an diesen Tagen oft mit ihren Kindern an der Hand zu den Nachbarn, klingeln, werden hereingebeten, mit Umarmung oder mit Wangenküssen begrüßt und bleiben dann je nach Laune eine halbe oder auch viele Stunden. Das ungeschriebene alte Gesetz der Gastfreundschaft gebietet es, dass der Gast spontan hereinschneien darf und mit selbstverständlicher Großzügigkeit bewirtet wird. Die moderne Form verlangt zumindest eine kleine Ankündigung per Telefon. So steht zu Feiertagen in vielen türkischen

Wohnungen allerlei Selbstgebackenes oder Gekauftes bereit und wird freudig aufgetischt und gemeinsam gemütlich vernascht, während man sich austauscht, wie es einem geht und was einen derzeit bewegt.

Es gehört zur traditionellen Höflichkeit, dass die Jüngeren der Runde die Älteren auf besondere Art begrüßen, nämlich mit einem Kuss auf den Handrücken und folgender Berührung mit der Stirn. Das geht ruckzuck und ist eine nette Geste des Respekts. Kinder und Jugendliche bekommen von den so geehrten Älteren als Dankeschön oft Süßigkeiten oder eine kleine Zugabe zum Taschengeld. So polieren sie damit mindestens zweimal im Jahr, nämlich zum Ramadan und zum Opferfest, ihre Kassen auf. Mit ein bisschen Glück können an den zwei bis drei Tagen, die diese Feste dauern, gut 100 Euro oder mehr zusammenkommen.

Auf einem dieser Feste fiel mir einmal ein kleiner Junge auf, der in meinen Augen eine phänomenale Leistung vollbrachte, was aber sonst niemand bemerkt zu haben schien. Das Wohnzimmer war voll und die Männer und Frauen saßen nebeneinander auf dem Sofa mit Rundecke. Die Stimmung war bedächtig und ruhig, ganz dem Anlass des Feiertages entsprechend. Nachdem zuerst die Töchter des Hauses die Reihe entlanggegangen waren und alle begrüßt hatten, kam noch ein Nachzügler, ein Junge von vielleicht vier oder fünf Jahren. Er ging zum ersten Gast in der Reihe, einem älteren türkischen Mann, nahm dessen Hand und sagte: »*Hoşgeldin amca, bayramın kutlu olsun.*« »Willkommen, Onkel, hab ein gesegnetes Fest«. *Amca*, Onkel, nannte er alle erwachsenen Männer und die Frauen *teyze,* Tante. Diese hatten eine große Freude an dem Kleinen, umarmten oder herzten ihn und lobten ihn für seine Höflichkeit. Dann drückten ihm manche ein kleines Geschenk in die Hand oder ein paar Euro oder steckten diese beiläufig in seine Hosentasche. So ging der Junge von Gast zu Gast, nahm eine Hand, setzte einen Kuss darauf, dann seine Stirn, sagte seinen Spruch und schickte ein Lächeln hinterher.

Aber plötzlich, als er etwa in der Mitte der Reihe angekommen war und gerade die Hand des Gastes genommen hatte, der vor ihm saß, da schaute er noch einmal kurz hoch, lächelte und sagte auf Deutsch: »Guten Tag, Tante.« Dann ging er zum nächsten Gast weiter. Die »Tante« war eine deutsche Nachbarin, die zufällig auch zu Besuch gekommen war, und ich dachte: »Donnerwetter!« Der Junge hatte in all dem Trubel realisiert, dass es eine Person gab, die keine Türkin und keine Muslimin war und für die dieser Tag kein Feiertag war wie für alle anderen im Raum. Also brauchte er ihr auch nicht die Hand zu küssen und ihr kein gesegnetes Fest zu wünschen.

Als ich das sah, war ich mehr als verblüfft, denn dieser kleine Knirps hatte eine ganz große Leistung erbracht. Er hatte erkannt, dass Menschen aus unterschiedlichen Kulturen unterschiedliche Feste feiern. In diesem Moment wurde mir klar, welchen großen Schatz türkische Kinder ebenso wie andere Kinder aus Zuwandererfamilien in sich tragen und wie traurig es ist, wenn das nicht gesehen und anerkannt wird.

Stattdessen hört man immer wieder, dass sie angeblich zwischen den Stühlen sitzen. Dabei ist das nur eine negative Interpretation. Zwischen den Stühlen hätte der Junge gesessen, wenn er nicht gewusst hätte, dass man am Feiertag den Gästen die Hand küsst, oder wenn er die deutsche Frau auf Türkisch begrüßt hätte oder ihr auch ein schönes Fest gewünscht hätte. Das hätte gezeigt, dass er die beiden Kulturen nicht unterscheiden kann und dazwischenhängt. Doch das trifft nur auf die wenigsten zu.

Wenn man von Menschen, die mit zwei Kulturen aufwachsen, sagt, sie säßen zwischen den Stühlen, dann wertet man sie und die tägliche Leistung, die sie vollbringen, ab, und das ist ungerecht. In Wirklichkeit ist es eine Kunst, auf zwei Stühlen gleichzeitig zu sitzen oder geschickt zwischen ihnen zu wechseln, mal den einen und mal den anderen zu benutzen. Diese Kunst beherrschen die meisten türkischen Kinder und Erwachsenen, die hier groß geworden sind, sehr gut. Es ist eine Kunst, die man lernen kann, so wie man auch Tanzen lernen kann, einfach indem man es tut.

Es kann sein, dass nicht alle gut darin sind. Vielleicht ist das Deutsch manchmal nicht so perfekt wie bei Kindern aus deutschen Familien oder das Türkisch nicht so fließend wie bei Türken, die in der Türkei leben. Aber es ist und bleibt eine besondere Leistung, eine Sprache zu sprechen, die man nicht in der Schule und nicht in dem betreffenden Land lernt, sondern nur zu Hause in der Familie. So wie es auch eine besondere Leistung ist, Deutsch zu beherrschen, obwohl man nicht aus einer deutschen Familie stammt. Und diese doppelte Leistung, auch wenn sie nicht perfekt ist, bleibt nicht bei der Sprache stehen, sondern sie geht in anderen Lebensbereichen weiter.

Wenn man zum Beispiel nur mit der deutschen Kultur groß wird, dann kommt einem womöglich die türkische Musik leierig vor, man empfindet sie als disharmonisch. Kennt man aber auch die türkische Kultur, dann hört man die Harmonie in der Musik, sie erscheint einem genauso normal wie jede Musik, ganz gleich, ob man sie nun mag oder nicht. Man kann beide genießen, wenn man will. Man fühlt den Rhythmus und die Melodie von beiden, kann zu beiden und mit beiden Arten tanzen – je nachdem, wie gut man als Tänzer ist.

Man kann über Witze lachen, die manche Deutsche nicht verstehen, und man kann über Witze lachen, die manche Türken nicht verstehen. Und manchmal auch noch über viele andere Dinge. Man hat an der Wand nicht nur all die Poster, die auch deutsche Teenager haben, sondern auch noch Poster, die Teenager in der Türkei haben.

Zum Frühstück gibt es Nutella ebenso wie Oliven und Schafskäse – von der Frage, ob man nicht Bauchschmerzen bekommt, wenn man zu viel von dieser Mischung isst, mal ganz abgesehen. Man streicht türkische Gemüsepaste auf deutsches Vollkornbrot, trinkt Tee aus geschwungenen, türkischen Gläsern und isst Schwarzwälder Kirschtorte dazu. Das alles und noch viel mehr geht wie von selbst und macht Spaß. Warum soll man nur das eine oder nur das andere machen müssen, sich entscheiden müssen für Dinge, die auch gut zusammen gehen, wenn man will?

Vielleicht ist die Bezeichnung »zwischen den Stühlen« eine Idee von Menschen, die sich nicht vorstellen können, dass man auch mit zwei Kulturen tanzen kann.

Doch man kann es, und so ähnlich geht es türkischen Kindern und Jugendlichen und anderen, deren Familien zugewandert sind, oft auch mit ihrer Herkunft. Sie lernen schon ganz früh, dass es immer mindestens zwei Arten geben kann, die Dinge zu sehen und zu tun, dass es unterschiedliche Perspektiven gibt und im Idealfall auch, dass das etwas Gutes und Schönes ist. Deshalb können sie die Feste feiern, wie sie fallen, den Türken die Hand küssen und den Deutschen noch einen schönen Tag wünschen.

Die Mutter aus dem Dorf

Ich saß im Bus und fuhr gemütlich durch die Straßen einer Kleinstadt, von Haltestelle zu Haltestelle. Es war eine dieser Städte, die heutzutage immer leerer werden, weil es immer weniger Kinder in Deutschland gibt und weil die Erwachsenen wegziehen, um anderswo eine bessere Arbeit und ein schöneres Leben zu finden.

Während ich aus dem Fenster schaute auf die schnuckeligen, kleinen Häuser, in denen jeder für sich alleine lebt und versucht glücklich zu werden, setzte sich eine junge Frau neben mich. Zuerst sah ich sie nur flüchtig. Es war eine Türkin.

Sie muss Ende zwanzig gewesen sein, trug ein Kopftuch und einen langen Mantel, war sehr höflich und lächelte freundlich, als sie sich auf dem freien Sitz breitmachte. Sie hatte einen Kinderwagen dabei, in dem ein kleines Kind unbeirrt von allen Geräuschen schlummerte und zu dem sie alle paar Minuten hinüberschaute.

Nach ihrer Kleidung zu urteilen vermutete ich, dass sie nicht in Deutschland aufgewachsen war. Sie sah aus wie die jungen Frauen, die in den Dörfern der Türkei leben: der Mantel aus einfachem Stoff, das Tuch knallbunt und unter dem Kinn gebunden, seitlich befestigt mit einer Nadel. Die Schuhe schlicht und einfach, die Hände rau, das Gesicht etwas trocken. Keine Schminke, kein Schmuck, und etwas füllig war sie, das konnte man erkennen.

Immer, wenn unsere Blicke sich trafen, sah ich, dass sie lächelte, und man merkte, dass sie sich gerne unterhalten wollte. So wie es oft auch bei älteren deutschen Frauen ist, die einsam sind und niemand zum Reden haben. Aber bei dieser Frau war es nicht Einsamkeit, es war übersprudelnde Energie, die sie trieb.

Ich wollte mich gerne auf ein Gespräch mit ihr einlassen, denn sie schien nett zu sein, und man erlebt manchmal Überraschungen, wenn man sich mit fremden Menschen unterhält. Schließlich lächelte sie mich an und ich lächelte zurück und dann sagte sie: »Wohin fährst Du?«

»Ich fahre nach Süd«, sagte ich und meinte den Stadtteil.

»Oh, da fahre ich auch hin«, strahlte sie, und so kamen wir ins Gespräch.

Auch ihre Sprache war einfach, sie hatte einen dörflichen Akzent und sprach kein Hochtürkisch. Zuerst redeten wir über das Wetter und dann über Deutschland.

Sie erzählte mir, dass sie erst seit einigen Jahren hier lebe. Ihr Mann war hier groß geworden, und als es für ihn Zeit wurde zu heiraten und er keine passende Frau in der Umgebung fand, da ging seine Mutter in den Sommerferien in ihr Heimatdorf und besuchte die Nachbarsfrauen, die ledige Töchter hatten. Dort habe sie sie zum ersten Mal gesehen, und weil sie als Tochter einer anständigen Familie einen guten Ruf im Dorf hatte, weil sie als fleißig und gutmütig galt, hätte die Frau aus Deutschland gleich ein Auge auf sie geworfen.

Einige Monate später sei der Sohn vorbeigekommen und die beiden wurden einander vorgestellt. Sie gefielen sich und beschlossen zu heiraten.

Vielleicht hatte sie den Mann nur deshalb gut gefunden, weil er für ihre Verhältnisse wohlhabend war und ihr mehr bieten konnte als die anderen jungen Männer in ihrem Dorf. Vielleicht auch, weil er für sie die einzige Möglichkeit war, jemals in ihrem Leben ins Ausland zu gehen, aber das sagte sie nicht. So sei sie dann eben nach Deutschland gekommen. Damals habe sie sich wahnsinnig gefreut, in so ein reiches und berühmtes Land zu gehen. Es sei das größte Abenteuer ihres Lebens gewesen, denn der am weitesten entfernte Ort, den sie davor je besucht habe, sei die nächste Großstadt gewesen.

»Aber jetzt verstehe ich nicht mehr, warum ich damals so begeistert war. Hier gibt es doch gar nichts«, sagte sie grinsend. »Hier sind ja auch nur Menschen und keine Superhelden. Und das Wetter ist schrecklich. Ständig ist es grau und kühl.«

Sie wohnte jetzt im gleichen Haus wie ihre Schwiegermutter und hatte drei Kinder. Das im Kinderwagen war das jüngste. Hausarbeit, die Kinder hüten, den Schwiegereltern helfen und die Nachbarinnen besuchen oder befreundete Familien des Mannes – daraus bestand ihr ganzes Leben. Sehr viel mehr hätte sie in ihrem Dorf auch nicht gemacht, außer, dass sie vielleicht noch auf dem Feld gearbeitet hätte.

Wenn sie sich langweilte, klingelte sie nun spontan bei einer türkischen Nachbarin, um zu tratschen – egal ob es zehn Uhr morgens oder zehn Uhr abends war. Oder die Nachbarinnen kamen mit einem Teller Selbstgebackenem zu ihr, und sie saßen stundenlang zusammen. Dein Haus ist auch mein Haus, deine Freunde sind meine Freunde, ist eine weit verbreitete türkische Devise. Zu deutschen Nachbarinnen hatte sie dagegen kaum Kontakt. Fraglich, ob sie so einen unkonventionellen Umgang mit ihnen überhaupt hätte pflegen können.

Sie konnte auch nur wenig Deutsch sprechen. In ihrer Heimat hatte sie nur die Grundschule besucht, und eine Fremdsprache zu lernen war für sie ungefähr so wie im Cockpit eines Jumbojets zu sitzen, 1 000 Knöpfe vor sich zu haben und die Maschine starten zu müssen. So hatte mir das mal eine ältere Frau erklärt.

Aber die Sprache nicht zu können, war für sie das kleinste Problem. Selbst wenn sie sie gekonnt hätte – viel hätte sich nicht in ihrem Leben geändert. Vielleicht hätte sie hin und wieder ein paar Worte mit einer deutschen Nachbarin gewechselt. Aber nur, wenn diese das auch gewollt hätte. Oder sie hätte ein paar Worte mit der Kassiererin im Supermarkt gewechselt. 5 Euro? Bitte schön. Danke schön. Das konnte sie auch so schon. Oder sie hätte mit dem Arzt reden können, wenn sie krank war, aber zu dem ging sie ohnehin nie alleine, weil sie sich schämte. Behördenbriefe las sie nicht, weil das für sie Männersache war, und ihren Kindern bei den Schulaufgaben helfen konnte sie ohnehin nicht, dazu reichte ihre Schulbildung nicht aus.

Nein, sie hatte größere Probleme, als die deutsche Sprache nicht zu können. Sie hatte zum Beispiel kein Hobby! Das einzige, was ihr Spaß machte, war Kochen, deshalb war sie auch so mollig. Die meisten anderen Dinge, die man in seiner Freizeit tun kann, wie Radfahren zum Beispiel, kamen für sie nicht infrage, weil sich das nicht schickt für eine verheiratete Frau, so dachte sie. Und weil dann alle auf ihren Po starren könnten, wofür sie sich geschämt hätte.

In einen Sportverein wäre sie nie gegangen, denn sie hätte Angst gehabt, dass die Deutschen dort sie belächeln würden. Womit sie vielleicht nicht Unrecht hatte. Einen Sportverein für türkische Frauen gab es nicht, und auch sonst gab es keine türkischen Vereine in der Umgebung, außer einem Moscheeverein, einer Teestube für Männer und einem Fußballverein für Jungs.

Was hätte sie also tun können? Schwimmen? Niemals! Sich halb nackt zu zeigen ist doch Sünde, dachte sie. Tanzen? Ging sie einmal im Jahr, wenn irgendwo türkische Hochzeit war, und selbst dann saß sie die meiste Zeit nur am Tisch und schaute zu. Diskos oder Lokale waren für sie tabu. Kino? Warum? Filme laufen doch auch im Fernsehen. Malen, basteln, spielen vielleicht? Das alles war für sie Kinderkram, aber nichts für Erwachsene. Sie las auch nicht, außer hin und wieder mal eine Zeitung und Kochrezepte. Was in der Welt passierte, interessierte sie nicht, weil sie es nicht verstand; was in der Umgebung passierte, auch nicht.

Was blieb ihr also anderes, als sich um Haus und Hof und Familie zu kümmern? Sie lebte gemütlich in ihrem Viertel wie in einem kleinen Dorf, oder vielleicht so wie deutsche Touristen in Antalya, die wie eingeschlossen in ihrer kleinen Welt den ganzen Urlaub über nur am Strand liegen, ohne ein einziges Mal das Leben im Land kennen zu lernen.

Viele Menschen haben sehr enge Vorstellungen davon, wie ihr Leben aussehen soll, aber diese Frau war darin meisterhaft. Wahrscheinlich würde ihr Leben die nächsten 50 Jahre genau so weitergehen, denn zurück in die Türkei wollte sie nicht. Das hätte für sie bedeutet, zurück in ihr Dorf gehen zu müssen. Sie genoss den guten Lebensstandard, den sich ihr Mann hier erarbeitet hatte, und das war ihr größtes Glück. Dieses Glück sollten auch ihre Kinder haben – mehr brauchten sie nicht, dachte sie, denn mehr konnte sie sich nicht vorstellen.

Wie sie die Kinder auf die Zukunft in einer globalen Welt vorbereiten sollte, wie sie ihnen Geschichten vom Leben im großen, weiten Land erzählen sollte, wie sie eine kluge und starke Mutter werden konnte, das kam ihr nicht in den Sinn. Sie gab ihnen ein großes Herz und ihre ganze Liebe, ein warmes Nest und starke Wurzeln, und sie war jederzeit bereit, sich für sie zu aufzuopfern – »ihre Haare zum Besen machen«, *saçını süpürge yapmak*, nennt das der türkische Volksmund. Vielleicht wäre sie traurig darüber gewesen, welche Chancen an ihr und ihrer Familie vorbeizogen, wenn sie sie erkannt hätte, doch alleine konnte sie das kaum. Ihr ging es wie vielen Menschen, die wenig Bildung haben und die Komplexität des Lebens nicht durchschauen.

Sie bemerkte auch nicht, dass sie mit ihrer Lebensart langsam, aber sicher verblühte, dass ihre Schönheit verwelkte, weil sie nicht wusste, wie man sie pflegen muss, und dass sie immer kränker werden würde, wenn sie nicht lernte, gesund zu leben, gesund zu kochen und sich mehr zu bewegen.

Sie hätte vielleicht erst einmal sich selbst kennen lernen müssen, ihre Talente und Träume und ihre Vorlieben und Wünsche, bevor sie die vielen schönen Seiten des Lebens hätte entdecken und genießen können. Und bevor sie sich zugetraut hätte, das Cockpit eines Flugzeugs zu betreten und die Maschine zu fliegen. Aber das alles muss für sie unvorstellbar gewesen sein, so wie es für andere unvorstellbar ist, auf einem anderen Planeten zu leben.

Nachdem wir aus dem Bus ausgestiegen waren, liefen wir noch ein Stück des Weges gemeinsam. Der kleine Junge wurde wach und quicklebendig, Menschen liefen an uns vorbei. Da sagte sie zu mir, dass ich sie besuchen solle und sie leckeren Kuchen für mich backen würde. Das war ein verlockendes Angebot, und ich sagte: »*Tamam*, na gut, ich überleg es mir. Aber dann gehen wir auch zusammen Fußball spielen.«

Sie schaute mich überrascht an, dann biss sie sich auf die Unterlippe, neigte den Kopf und lächelte verschämt.

»Aber nein, das können wir doch nicht machen, das ist doch was für Männer und für Kinder«, sagte sie.

»Aber doch«, sagte ich »und wie wir das machen können. Da drüben ist ein Sportplatz, hast Du den schon gesehen? Wir ziehen uns schicke Sportklamotten an, du bindest das Kopftuch nach hinten, ich ziehe ein Stirnband über und wir spielen so lange, bis uns die Puste ausgeht. Und danach gehen wir zu dir und essen. *Nasil*? Wie wäre das?«, sagte ich, und sie schaute mich nur mit irritierten Augen an.

Der Clown in der Moschee

In einem kleinen Schaufenster spiegelte sich von außen eine große, rote Gumminase. Auf den Kopf wurde eine bunte Mütze gesetzt und mit je einem Ziehen und Flutschen wurden die Hosenträger an die richtige Stelle katapultiert. Dann noch eine dicke Fliege am Kragen fest geknöpft und ein bisschen mit dem Popo gewackelt.

Es machte mir Spaß, dem Clown zuzuschauen, wie er sich in der Spiegelung des Schaufensters zurechtmachte. Den Passanten, die hinter uns auf dem Bürgersteig vorbeiliefen, wird es nicht anders ergangen sein. Man hörte sogar das eine oder andere Kichern. Ich dachte mir nichts dabei, als ich an diesem Mittag den Clown in voller Montur vor dem Schaufenster stehen sah. »Irgendwo wird ein deutsches Kind eine Geburtstagsparty geben«, dachte ich. Oder er war von einem Kaufhaus engagiert worden, um die Kunden zu unterhalten.

Mit seinem bemalten Gesicht lachte er mich kurz an und wackelte neckisch mit dem Kopf, tat dann so, als würde er einen Ball in die Luft schießen und lief davon. Ich schaute ihm hinterher, bis er im Getümmel der Menschen unterging.

In der Türkei gibt es ursprünglich keine Clowns. Es gibt andere witzige Figuren, die früher einmal den Sultan im Palast zum Lachen bringen mussten oder die in türkischen Märchen auftauchen. Heute treten Clowns in der Türkei auch in Zirkusshows auf oder im Fernsehen, auf Festen und Partys. Ursprünglich sind sie aber eine Erfindung aus Nordeuropa.

Dieser Clown auf der Straße hatte etwas Ungewöhnliches an sich, das war mir aufgefallen, doch wusste ich nicht, was es war. Ich lief weiter, während ich noch grübelte, und dachte mir, dass es mir bestimmt noch einfallen würde.

Es war ein schöner, warmer Herbsttag und ich wollte in die Moschee, wo es anlässlich eines Feiertages ein Fest gab. Die Moschee befand sich im Hinterhof einer kleinen Siedlung, direkt an der Hauptstraße, nicht weit von dem Schaufenster entfernt, vor dem der Clown gestanden hatte. Als ich der Moschee näher kam, sah ich schon von weitem die bunten Girlanden, mit denen sie geschmückt war. Sie sah überhaupt nicht so aus, wie man sich eine Moschee vorstellt und hatte auch kein Minarett, sondern es war ein ganz normales, einstöckiges, weißes Haus. Die Gemeindemitglieder hatten nicht so viel Geld und konnten deshalb keine richtige Moschee bauen lassen. Sie begnügten sich damit, dass sie von innen ordentlich eingerichtet war.

Ein großer Gebetsraum für ein paar Hundert Leute, ausgelegt mit warmen Teppichen. Ornamente an den Wänden und ein dicker Kronleuchter an der Decke. Nebenan gab es den gleichen Raum etwas kleiner auch für Frauen, die seltener in die Moschee gehen und nicht fast täglich, so wie die Männer. Ursprünglich war das ganze Gebäude ein Lager oder ein Geschäftsraum gewesen, und die Gemeindemitglieder hatten Geld zusammengelegt, es gekauft und in monatelanger Arbeit umgebaut. Jetzt war es so etwas wie ein Vereinshaus, in dem sich alle treffen und beten und feiern konnten.

Vor dem Gebäude standen lange Tische, auf denen eifrige Frauen immer noch mehr Teller und Platten abstellten. Sie waren gefüllt mit köstlichen Leckereien. Gemüsepuffer und Börek mit Hackfleisch oder Käse, Salate und Nudeln, gefüllte Weinblätter und Auberginen, Fleisch und Reis und Obst und viele zuckersüße Desserts. Die Frauen der Gemeinde hatten sich viel Mühe gegeben, denn das Geld, das beim Verkauf eingenommen wurde, sollte wie jedes Jahr für einen guten Zweck gespendet werden. Vielleicht für die Obdachlosen der Stadt oder für die Opfer einer Naturkatastrophe.

Vor der Moschee gab es einen kleinen Spielplatz für die Kinder. Sie saßen auf der Schaukel, turnten an den Stangen oder alberten einfach nur herum. Einige Männer stellten noch ein paar Stühle draußen auf, und die ersten Gäste machten sich allmählich über das Buffet her, während ich in das Gebäude hineinging, um mich in den Aufenthaltsraum zu setzen. Im Eingang stand ein riesengroßes Schuhregal, in dem ich zuerst meine Schuhe ablegte, bevor ich weitergehen konnte. Dann kam ich in die Teestube. Es standen mehrere Tische mit Stühlen darin, in einer Ecke ein Fernseher und ein Billardtisch in der anderen. Außerdem ein paar Computer, eine Theke mit Getränken und einer kleinen Küche dahinter.

An einem Tisch in der Ecke saßen ältere Männer und unterhielten sich, in einer anderen Ecke saßen ein paar junge Mädchen. Ich setzte mich zu ihnen an den Nachbartisch und begann, in meiner Tasche zu kramen, als ich plötzlich ein bekanntes Gesicht sah. Ich war so überrascht, dass ich den Mund gar nicht mehr zubekam.

Diesen bunten Vogel kannte ich doch! Was hatte denn der hier zu suchen? Hatte er sich etwa verlaufen? Der Clown war tatsächlich in der Moschee. Er holte sich an der Theke eine Flasche Wasser und lief gelangweilt herum. Ich kam aus dem Staunen nicht mehr heraus, und jetzt ging mir auch auf, was ich an ihm so ungewöhnlich gefunden hatte. Er trug keine Perücke, sodass man seine pechschwarzen Haare sehen konnte. Er war noch recht jung und eindeutig Türke. Die Mädchen neben mir bemerkten ihn kaum. Ich fragte sie, ob sie den Clown dort drüben kennen würden, und sie meinten: »Ja, der kommt immer hierher, wenn wir feiern.«

Für sie war er nichts Ungewöhnliches, und auch den Männern schien er nicht aufzufallen. Wie ich erfuhr, war er Student und verdiente sich hier sein Taschengeld, indem er die Kinder unterhielt und damit auch den Erwachsenen eine Freude machte. Anfangs hätten einige in der Gemeinde protestiert, erzählten die Mädchen. So ein komischer, bemalter Typ könne doch nicht in eine Moschee, habe es geheißen. Das sei doch hier kein Zirkus, und er solle seine Späße gefälligst woanders machen. Doch als sie erfuhren, dass der junge Mann ein Student war und Geld brauchte, um sein Studium zu finanzieren, da empfanden sie Mitgefühl.

Er war ein gläubiger junger Mann, und das Beste, was er machen konnte, war, die Menschen zum Lachen zu bringen. Das könne doch nichts Schlimmes sein, hätte er gemeint. Seitdem unterhält er die Kinder und auch die gläubigen Erwachsenen, die ihn trotz seines exotischen Aussehens aufgenommen haben. Wenn er sein Programm beendet hat, schminkt er sich ab und betet mit ihnen im großen Saal der Männer.

Früher wäre das sicherlich unmöglich gewesen. Aber früher hatten auch alte Männer das Sagen in den Moscheen, die einen frommen Dorfislam predigten, der nicht von Theologen, sondern von Laien gelehrt wurde und die es oft nicht einmal böse meinten, sondern es nicht besser wussten. So wie im Christentum, gibt es auch im Islam viel Irr- und Aberglaube, und für den gläubigen Menschen dauert es manchmal seine Zeit, bis er diesen vom eigentlichen Kern des Glaubens zu unterscheiden lernt. Auch in Deutschland waren es anfangs diese Männer, die die Moscheevereine leiteten und prägten, da sie als Gastarbeiter gekommen waren und die Kinder noch klein waren. Das ist heute anders. Heute ist die Theologenausbildung in der Türkei eine der fortschrittlichsten in der islamischen Welt, und oft werden die Moscheen mittlerweile von jungen Leuten geleitet, die dort eine richtige akademische, theologische Ausbildung bekommen haben, denn in Deutschland existiert diese praktisch noch nicht. Mit ihnen weht ein neuer Wind in den heiligen Räumen. Sie predigen nicht auf Deutsch, solange ihre Gemeinde in der Mehrheit aus Türkischstämmigen besteht – deutsche Pastoren und Priester, die in anderen Ländern deutsche Gemeinden betreuen, benutzen schließlich auch ihre Muttersprache. Aber in den hiesigen Moscheen wird längst nicht mehr nur gebetet und der Koran gelehrt, auch wenn das weiterhin das Wichtigste ist, sondern es werden auch viele soziale Aktivitäten angeboten und Kurse und Projekte. Es gibt in fast jedem Moscheeverein, egal welcher theologischen Richtung, Bibliotheken und Computerräume, Cafés oder Fußballmannschaften, und manche Moscheen beteiligen sich an sozialen Aktivitäten in der Stadt oder am interreligiösen Dialog. Das ist in den meisten Moscheen in Deutschland so. Die jungen Imame, die Vorbeter, die aus der Türkei geschickt oder geholt wurden und die dortigen, neuen Gepflogenheiten mitgebracht haben, waren für viele Gemeinden Vorreiter und Vorbilder in diesen Dingen.

Einmal war ich selbst sogar erstaunt, wie weit die Erneuerungen um sich gegriffen haben, als ich auf einem Stadtfest einer Folklore-Tanzgruppe von Jungen und Mädchen zujubelte und erfuhr, dass es die Tanzgruppe der örtlichen DITIB-Moschee war, die von der Religionsbehörde der Türkei gesponsert wurde. Das hatte selbst ich als Muslimin noch nicht mitbekommen, allerdings bin ich auch selten in der Moschee. Eine Tanzgruppe, die in einem Moscheeverein ausgebildet wird, wäre vor zwanzig oder noch vor zehn Jahren undenkbar gewesen. Doch inzwischen gibt es nicht nur diese Gruppe, sondern auch noch einen gemischten Chor dazu, in dem Frauen und Männer zusammen singen und musizieren.

Da fallen die vielen Sprachkurse, Bastelkurse, Müllsammelprojekte, Mütterschulungen, Gesundheitsberatungen oder Fußballmannschaften der Moscheen schon gar nicht weiter auf.

Auch die Trennung nach Männern und Frauen ist zwar für die religiösen Zeremonien weiterhin gültig, aber ansonsten wird sie oft nicht mehr so rigide praktiziert, wie es engstirnige Frömmler fordern.

Wie schade nur, dass die deutsche Öffentlichkeit davon

kaum etwas mitbekommt. Die Moscheevereine machen ihre Angebote natürlich für die Muslime der Gemeinde und finanzieren sich hauptsächlich über deren Spenden. Die Mitarbeiter sind meist ehrenamtlich tätig und opfern ihre Freizeit, sodass die Möglichkeiten begrenzt sind. So bekommen außer ein paar weltoffenen Christen, die türkische Freunde haben oder manchmal aus Neugier hereinschneien, Außenstehende nur wenig mit. Dabei wäre es sicher für jeden ein Gewinn, den Islam mal aus einer ganz anderen Perspektive kennen zu lernen.

Onkel Mehmet, der Nikolaus

»Für einen, der verrückt ist, ist jeder Tag ein Fest«, sagen die Türken. Kein Wunder, wenn man das Leben nicht so ernst nimmt und gerne seine Spielchen treibt, dann hat man auch Spaß und selbst der Alltag ist bunt und fröhlich.

Mehmet, der, obwohl er noch jung war, schon zwei kleine Kinder hatte, war so einer, für den fast jeder Tag ein Festtag war. Auf seinem Anrufbeantworter ertönten Begrüßungen in den exotischsten Sprachen, die keiner verstand – die Anrufer mussten sich ihren Teil denken, wenn sie eine Nachricht aufsprachen.

Manchmal zog sich Mehmet aus purer Laune zwei verschiedene Socken an, und wenn er irgendwo zu Besuch war, konnte es passieren, dass er plötzlich einen Knallfrosch aus der Hosentasche zückte und alle erschreckte. Am meisten amüsierten sich seine Frau und seine Kinder über ihn, und wenn die Familie zusammen war, dann rauften und spielten sie oft miteinander bis zur Erschöpfung.

Mehmet war kaufmännischer Angestellter in einer Firma. Er war ein traditionsverbundener Mensch, hatte schon früh geheiratet, weil er seine eigene Familie haben wollte, und sein Hobby war, alles, was sich bewegte, mit seiner Videokamera aufzunehmen. Wie seine beiden Kinder heranwuchsen, hatte er in beinahe täglichen Aufnahmen dokumentiert.

Er war das, was die Türken einen *efendi* nennen, ein anständiger Kerl, und er war ein gläubiger Mann, der jeden Freitag in die Moschee ging, um mit den anderen zu beten. Seine spaßige Ader konnte er aber auch dort nicht unterdrücken. Manchmal setzte er sich die Gebetsmütze schief auf den Kopf, sodass alle ihn verwundert anschauten, oder er stellte sich zum Gebet absichtlich in die falsche Richtung, statt nach Mekka, und manche fielen darauf herein und machten es auch so. Andere zupften ihn dann am Arm und zogen ihn in die richtige Richtung. »Mehmet, Mehmet, wann wirst du bloß ein erwachsener Mann?«, sagten die älteren Männer zu ihm, und er sagte: »Onkel, ich will gar kein Mann werden, ich bin so zufrieden.«

Als seine Kinder eines Tages aus dem Kindergarten kamen und ihn fragten: »Baba, wer ist Nikolaus?«, da dachte sich Mehmet, es wäre wohl Zeit, den Kindern etwas über ihn beizubringen, und er sprach mit seiner Frau. Die beiden beschlossen, sich etwas für die Kinder auszudenken. Als sie beide selbst noch klein gewesen waren, hatten ihre Eltern ihnen zumindest ein paar Süßigkeiten in die Schuhe vor der Tür gesteckt und ihnen erzählt, dass es der Nikolaus gewesen sei, der sie beschenkt hätte. Als Kinder hatten Mehmet und seine Frau die Geschichten geglaubt, die ihnen ihre Eltern erzählten, und diese wiederum bezogen ihr Wissen von einer deutschen Nachbarin, die ihnen die Sitte zugesteckt hatte. Aber eines

Tages flog natürlich der ganze Bluff auf, als die deutschen Kinder in der Schule erzählten, dass sie auch mal auf so etwas reingefallen waren.

Geschadet hatte es niemandem, also warum sollte Mehmet seine Kinder nicht auch mit dem Nikolaus bekanntmachen? Zumal der schließlich auch ein Türke gewesen war, wenn man so will, denn er lebte im antiken Myra, dem heutigen Demre in Antalya.

Als der Dezember näher rückte, besorgte sich Mehmet ein rotes Nikolauskostüm und eine Mütze. Dazu einen weißen Bart und dicke weiße Augenbrauen zum Ankleben und einen Sack, den er auf die Schulter nehmen wollte. Abends, als die Kinder schliefen, nähte seine Frau das Kostüm kleiner, denn es war viel zu groß für ihn, und weil sie schon mal dabei war und sie die rote Farbe des Stoffes so passend fand, nähte sie noch aus Spaß einen kleinen, weißen Halbmond und einen Stern auf die Brust. »So wirst du ein richtiger türkischer Nikolaus«, sagte sie zu ihrem Mann.

Dann überlegten die beiden, was sie wohl in den Sack hineinpacken könnten. Geschenke? Die bekamen ihre Kinder eigentlich ständig, auch ohne Anlass, aber wenn das nun mal der Brauch war, dann sollte es so sein. Also ein paar Spielsachen vielleicht, oder neue Kleider, die sie noch brauchten? Der Vater wollte sich etwas einfallen lassen, darauf einigten sie sich.

Von alldem ahnten die Kleinen aber noch nichts. Als es am Abend des 6. Dezembers plötzlich an der Tür klopfte, schickte ihre Mutter die beiden zur Tür, um sie zu öffnen. Das taten sie auch, doch sogleich schlugen sie sie wieder zu und kamen schreiend zurück.

»*Anneee, Anneee,*« riefen sie aufgeregt, »Mamaaa, Mamaaa, da steht ein fremder Onkel vor der Tür«, und waren ganz erschrocken. Der Mann vor der Tür fror sich derweil die Füße ab und klopfte immer wieder an die Tür, um endlich hereingelassen zu werden, doch das löste nur neuerliches Kreischen aus.

»Nein, Kinder, macht ruhig auf«, versuchte die Mutter zu beruhigen, »ich bin doch hier, ihr müsst keine Angst haben.« Aber es half nichts, die beiden rührten sich nicht mehr von der Stelle.

»Na, dann schauen wir doch mal zusammen nach, wer das denn ist«, sagte die Mutter, ging langsam mit den beiden zur Tür und öffnete sie. Draußen zupfte sich der Nikolaus gerade den Bart zurecht, schob seine buschigen, weißen Augenbrauen etwas hoch und knöpfte seinen Mantel zu.

»Höhöö«, sagte er mit verstellter Stimme und räusperte sich!

»Oh, der Nikolaus ist ja da«, tat die Mutter überrascht und bat ihn herein. Die Kinder waren mucksmäuschenstill.

Nun, da der Nikolaus in der Wohnung stand, wusste die Mutter nicht mehr so recht, was sie tun sollte, und der Nikolaus offenbar auch nicht. Darüber hatten sie nicht gesprochen. Sie zwinkerte ihm zu und versuchte ihm mit ihren Blicken etwas zu sagen, doch er verstand sie nicht. Stattdessen zog er plötzlich ein Gebetskettchen aus der Manteltasche, so wie sie türkische Männer oft bei sich tragen, und ließ es nervös durch die Finger gleiten. Entsetzt riss die Mutter die Augen auf, schaute auf das Kettchen und blitzte dann wütend den Nikolaus an. Dieser zuckte zusammen und ließ das Kettchen rasch wieder in der Manteltasche verschwinden. Dann stand er wieder stumm wie ein Holzklotz da und rührte sich nicht. Schließlich platzte der Mutter der Kragen. »Nun, Nikolaus«, sagte sie energisch, »dann setz dich doch mal hin.«

Die Kinder sagten noch immer nichts und musterten den Nikolaus von oben bis unten, und auch der schwieg hartnäckig. Wieder schritt die Mutter ein: »Lieber Nikolaus, hast Du uns denn nicht etwas Schönes mitgebracht? Willst Du uns keine Geschenke geben?«

Da zog der Nikolaus den gut gefüllten Sack zu sich, den er mit hereingebracht hatte, öffnete ihn und kramte darin herum. Alle waren neugierig, was sie denn wohl bekommen würden. Der Nikolaus griff tief in den Sack hinein und holte das erste Geschenk heraus. Einen verstaubten, kaputten Kassettenrekorder, aus dem bunte Kabel heraushingen. Die Kinder begannen zu lachen, doch die Mutter war entsetzt.

»Nikolaus, was ist das denn?« Der Rekorder kam ihr vage bekannt vor. Hatte der nicht auf dem Dachboden gelegen? Auch der Nikolaus schien etwas irritiert und begann wieder, in dem Sack zu kramen. Dann zog er noch ein Teil heraus. Diesmal war es ein Mixer, dem die Stäbe fehlten.

»Ein Mixer?«, schrie die Mutter und die Kinder lachten wieder. Völlig verdutzt packte der Nikolaus den Mixer wieder ein und griff zum dritten Mal in den Sack. Diesmal holte er eine alte Holzdose heraus. Es war eine Zigarrenschachtel, und er legte sie gar nicht erst auf den Tisch, sondern steckte sie ganz schnell wieder zurück in den Sack. Dann blickte er die Mutter an, als wollte er etwas sagen, und zuckte die Achseln.

Die Mutter war nahe daran zu verzweifeln. Sie verstand die Welt nicht mehr. Was war bloß mit den Geschenken los? Und warum verhielt sich dieser Nikolaus so merkwürdig? In diesem Moment klingelte es an der Tür. Sie eilte zur Tür, öffnete und fand zu ihrer Überraschung ihren Mann draußen stehen. »Was machst Du denn hier, Mehmet?«, fragte sie aufgeregt.

»Ich hab aus Versehen die Säcke vertauscht«, antwortete dieser. »In dem einen waren doch die alten Sachen, die wir spenden wollten, aber ich hab stattdessen den Sack mit den Geschenken in die Moschee gebracht. Jetzt hab ich ihn wieder geholt.« Er strahlte über das ganze Gesicht.

»Oh Gott! Wer ist denn dann der Mann da drinnen?«, rief seine Frau und rannte voller Panik in die Wohnung, aber da war es schon zu spät: Der Nikolaus war enttarnt. Mit den beiden Kindern auf dem Schoß saß er am Küchentisch, der Bart hing ihm am Kragen und seine Mütze lag auf dem Boden.

»Schau mal, *Anne*, das ist gar nicht der Nikolaus, das ist der Özgür, der wollte nur einen Spaß mit uns machen.« Özgür war der Nachbarsjunge. Mehmet hatte ihn als »Ersatznikolaus« angeheuert, weil er selbst zur Moschee fahren und den Sack wiederholen wollte. »Aber Özgür, Bruder, du solltest doch nicht sofort reingehen«, sagte Mehmet und klopfte dem Jungen auf den Rücken. Etwas traurig war er schon, dass seine Show ins Wasser gefallen war.

»Was sollte ich denn machen, *Abi*, es war so kalt vor der Tür«, sagte Özgür und wippte fröhlich mit den Kindern auf dem Schoß herum. Er war erst vor wenigen Monaten aus der Türkei gekommen und hatte natürlich keine Ahnung, was der Nikolaus in Deutschland so treibt.

Mehmet, der verhinderte Nikolaus, holte nun ohne Kostüm seine Geschenke aus dem Sack und verteilte sie an seine Lieblinge. Spielsachen, Süßigkeiten und ein paar neue warme Kleidungsstücke, die die Kinder bald brauchen würden. Dann machten sie sich noch einen wunderschönen Nikolausabend, und bald wussten alle Kinder in der Nachbarschaft, dass der Nikolaus ein Türke ist und kaputte Sachen verschenkt.

Teil 3

»Endlich seid ihr da«

Wie die Türken nach Deutschland kamen

Nur die Besten für den Westen

Die Nachricht hatte sich wie ein Lauffeuer in der ganzen Stadt verbreitet. Jeder, der jung und gesund war und der genug Mut hatte, ein Abenteuer zu erleben, begann zu träumen. In den Straßen, auf den Märkten, in den Kaffeehäusern und Wohnungen redeten die jungen Leute bald nur noch über eines.

Wenn es wahr wäre, was man sich erzählte, dann könnte man sich bald ein eigenes Auto leisten oder sogar ein Haus für sich und seine Familie. Wenn es wahr wäre, dann würde sich vielleicht sogar das ganze Leben ändern. Nur ein oder zwei Jahre würde es dauern, bis es so weit wäre, bis man so viel Geld verdient hätte, dass man sich seine Träume erfüllen könnte. Warum sonst, sollte man sein Land verlassen? Haus und Hof, Geliebte und Freunde? Warum sonst sollte man das blaue Meer hinter sich lassen und die Gärten der Heimat? Warum sonst sollte man in ein Land reisen, von dem man nichts anderes wusste, als dass es gute Maschinen baute und reich war und das jetzt nur noch eines brauchte: türkische Arbeiter.

Ein paar Jahre nur würde man sein Bestes geben und käme als reicher und gemachter Mann in seine Stadt zurück oder als reiche Frau, die alle für ihre Tapferkeit bewunderten. Alle, die nicht so abenteuerlustig waren, nicht so tatkräftig und nicht so mutig, würden einem dann Respekt zeigen. Was würde man nicht alles in Kauf nehmen für so ein Leben?

Tagelang kreisten diese Gedanken in Turguts Kopf herum. Er war einer der ersten, die ihren Antrag auf Beschäftigung in

Deutschland stellten. Turgut hatte nichts zu verlieren. Er war der Sohn einer Lehrerin, die einen Bauern geheiratet hatte und mit ihm auf dem Hof lebte, statt ihrem Beruf nachzugehen. Als ältester Sohn der Familie hatte seine Mutter ihn gut erzogen und ihn früh auf die Dorfschule geschickt. Er sollte nicht auf dem Land leben und auf dem Feld arbeiten müssen, sondern ein Stadtmensch werden. Aber in der Stadt gab es wenig Arbeit, selbst wenn man eine gute Schulbildung hatte. So verdiente sich Turgut sein Geld mal als Schreiber des Bürgermeisters, mal als Nachtwächter und mal als Aushilfslehrer in der Dorfschule, und wenn nicht bald etwas passieren würde, dann wollte er auswandern nach Istanbul, so hatte er es sich in den Kopf gesetzt. Doch dann kam alles anders. Denn dann kam der Brief aus Deutschland, der im Teehaus am Marktplatz vorgelesen wurde und der dem Sohn der Lehrerin einen Glanz in die Augen zauberte. Deutschland, das war noch besser als Istanbul, dachte er sich.

Als er seiner Mutter von seiner Entscheidung erzählte, war sie wenig begeistert. Sie wollte ihren Sohn lieber bei sich haben, als ihn in ein fremdes Land zu schicken. Für sie war er fast noch ein Kind, auch wenn er schon über zwanzig Jahre alt und erwachsen war. Doch der Vater war anderer Ansicht. »Lass den Jungen gehen«, sagte er. »Er soll das Leben in der Welt kennen lernen, er soll ein Mann werden, statt hier herumzuhängen.«

Nach einigen Wochen kam die Antwort auf Turguts Antrag. Eine Zusage! »Bitte stellen Sie sich in unserem Büro in Istanbul vor«, hieß es in dem Schreiben. Vor Freude hatte Turgut spontan im Teehaus getanzt. »Ich gehe nach Deutschland, *aman aman*, beneidet mich nicht, Freunde!«, hatte er laut gesungen und dann die ganze Nacht mit seinen Freunden gefeiert.

»Vielleicht findest Du dort sogar eine hübsche, blonde Helga«, hatten seine Freunde ihm scherzhaft zugerufen.

»Warum nicht! Die deutschen Frauen werden mich lieben!«, hatte er geprahlt.

»Du wirst uns danach sicher nicht mehr kennen. Du wirst ein reicher Mann sein und wirst bestimmt ein Deutscher werden«, hatten seine Freunde gesagt, und Turgut hatte insgeheim gedacht, dass er den Menschen, die ihn liebten, immer treu bleiben wollte.

Als der Tag der Abreise gekommen war, packte er seine sieben Sachen, verabschiedete sich von seinen Eltern, Freunden und Nachbarn und bat um ihren Segen, dann fuhr er nach Istanbul, um sich bei der Verbindungsstelle des deutschen Arbeitsamtes vorzustellen. Er glaubte, es wären lediglich ein paar Formalitäten, die er erfüllen müsste, und dann würde er fröhlich nach München reisen. Doch es kam anders.

Als Turgut sich in dem deutschen Büro vorstellte, wurden zuerst alle seine Daten aufgenommen, dann musste er sich mit den anderen Bewerbern, die von überall aus der Türkei hergekommen waren, in einen großen Saal setzen und warten. Vor ihrer Abreise mussten sich die jungen Männer, die nun in Deutschland arbeiten sollten, einer Gesundheitsprüfung unterziehen. Nach einer Weile wurden sie in Gruppen in das Untersuchungszimmer hineingerufen, 20 oder 25 von ihnen gleichzeitig. Ein deutscher Arzt und türkische Hilfskräfte sollten die Männer untersuchen. Sie mussten sich splitternackt ausziehen und in langen Reihen aufstellen. Als Turgut das sah, überkam ihn die Entrüstung. Er, der muslimische Bauernsohn, hatte sich noch nie unbekleidet vor anderen Leuten gezeigt, ganz nach den Lehren des heiligen Propheten Mohammed. Wie konnte er sich so erniedrigen und sich vor allen Leuten entblößen? Er schämte sich in Grund und Boden bei dem Gedanken daran und begann zu zweifeln, ob er wirklich die richtige Entscheidung getroffen hatte, ob er wirklich diese Reise unternehmen sollte. Die anderen Männer begannen langsam und schweigend, sich auszuziehen und Turgut wagte kaum den Kopf zu heben. Er blieb angezogen stehen, unschlüssig, was er tun sollte.

»Schäme dich nicht, Bruder, wir sind doch alle gleich. Was willst Du machen, die Deutschen wollen es so!«, sprach ihm einer der Männer gut zu.

»Wenn Du dich nicht untersuchen lässt, kannst du wieder zurück in dein Dorf gehen, du Esel. Zier dich nicht, es fällt uns allen nicht leicht«, sagte ein anderer. Die Gesundheitskontrolleure begannen durch die Reihen der nackten Männer zu gehen und sie zu untersuchen. Auch Turgut zog sich langsam aus und stellte sich in die Reihe. Die Männer mussten den Mund weit öffnen und die Zunge herausstrecken. Ihre Zähne wurden untersucht, die Lungen abgehört, der Körper gemustert. Kranke Arbeiter konnte Deutschland nicht brauchen. Als Turgut an der Reihe war und er endgültig seine Hose ausziehen musste, da wurde ihm mulmig und er war drauf und dran, seine Sachen zu packen und zu gehen.

»*Allah kahretsin, Allah kahretsin!* Gott verfluche! Warum müssen wir uns erniedrigen lassen, als wären wir Vieh auf einem Markt?!«, schimpfte er vor sich hin und die anderen schauten ihn an.

»Was ist das für ein Land, das uns so demütigen will? Sind wir etwa Sklaven? *Allah kahretsin*, Gott verfluche!«

Eine türkische Helferin kam und sprach ihm gut zu: »Mach dir keine Sorgen, Bruder, es ist doch nur eine Untersuchung. Die Bestimmungen sind so und wir müssen uns daran halten, sonst kannst du nicht mitgehen!«

Turgut schluckte seinen Zorn so gut es ging herunter, schaute zu Boden, drehte sich zur Seite und zog seine Hose aus. Dann kam der deutsche Arzt und untersuchte ihn, so wie zuvor schon die anderen.

Zähne, Rachen, Augen, Ohren, Herz. Alles in Ordnung. Dann aber: »Zu schwache Knochen. Der bricht uns zusammen, der bleibt hier«, sagte der Arzt und ging zum Nächsten in der Reihe.

Völlig verwundert und ratlos blickte Turgut mit großen Augen auf die Dolmetscherin. »*Ne dedi?* Was hat er gesagt?«

»Tut mir leid, Bruder, du kannst nicht gehen«, sagte sie.

Wie Lava in einem Vulkan schoss Turgut das Blut in den Kopf. »*Nasıl yani, ne demek?* Was soll das heißen, ich bleibe hier?«

»Du bist zu dünn«, flüsterte die Frau ihm zu.

»So ein Blödsinn!«, schimpfte Turgut. »Ich war sogar schon beim Militär. Wenn ich denen gut genug bin, dann muss es den Deutschen doch auch reichen. Wollen die Arbeiter oder wollen sie Elitesoldaten?«

Als der Arzt bemerkte, dass Turgut sich aufregte, kam er zurück und fragte nach, was los sei. Peinlich berührt erklärte ihm die Dolmetscherin, was Turgut gesagt hatte. Da lachte der Arzt: »Ja, mein Junge, Elitesoldat trifft es ganz gut. Die deutsche Wirtschaft braucht keine Schwächlinge, sie braucht starke Kerle!«

Hoffnungsvoll schaute Turgut die Dolmetscherin an, die ihm die Worte übersetzte. Turgut war sprachlos.

»Wie sind seine Daten, Fräulein? Die Zähne in Ordnung? Gehör gut? Aber 65 Kilogramm, das ist nicht viel, mein Junge, du musst noch viel essen und kräftiger werden. Dann können wir überlegen, ob wir dich nicht doch noch mitnehmen.«

Turgut verstand nicht, was er sagte, aber er bemerkte den herablassenden Ton, in dem der Arzt sprach. Doch um seine Chance nicht ganz zu verspielen, schwieg er. Das taten fast alle Männer, die die Untersuchungen über sich ergehen ließen, und sie schwiegen sehr lange. Kaum einer von ihnen erzählte später seinen Angehörigen, wie er an diesem Tag untersucht worden war, als er für Deutschland ausgewählt wurde, denn es war ihnen schrecklich peinlich. Erst später, als die Männer älter und reifer wurden und die empfundene Demütigung fast vergessen war, da erzählten sie ihren Familien und Kindern, wie nur die Besten unter ihnen für Deutschland ausgesucht worden waren, und ein wenig waren sie auch stolz, dass sie dazugehört hatten.

Der Bunker unter Gleis 11

Zum ersten Mal in meinem Leben kam ich zum Münchener Hauptbahnhof, und ich ahnte nicht, dass ich hier eine ungewöhnliche Entdeckung machen würde. Ich reise viel und gerne, aber in München war ich zuvor noch nie. Es war ein kühler Herbsttag, einer, an dem man den Kragen der Jacke hochklappt, den Schal ins Gesicht zieht und die Hände gar nicht aus den Taschen holen mag. Ich war gerade aus dem Zug ausgestiegen, lief die Gleise entlang und suchte den Ausgang.

Zwischen wartenden und hektischen Passagieren hindurch, an Brezelverkäufern und Zeitungsständen vorbei lief ich die Gleise entlang und folgte dem Schild, das mir den Weg nach draußen zeigte. Dort sollte mich eine Freundin abholen.

Im Gehen bemerkte ich aus den Augenwinkeln einen Treppenabgang und dachte mir zunächts nichts dabei. Dann aber stutzte ich und fragte mich, wo der Gang hinführen mochte. War es ein Keller? Ein Abstellraum? Ein unterirdischer Durchgang? Die Frage ließ mich nicht los, und so machte ich nach einigen Schritten kehrt und lief zurück, um der Sache mal eben schnell auf den Grund zu gehen.

Zögerlich folgte ich den Stufen, eine nach der anderen, bis ich schließlich unten ankam. Ich sah einen beleuchteten großen Raum mit mehreren kahlen, leeren Zellen, in denen lange Bänke standen und die mit Gittertüren verschlossen waren. Komisch. Der Raum wirkte kalt und abweisend. Niemand hätte sich hier freiwillig aufgehalten. Die Decken waren niedrig, es gab keine Fenster, nur künstliches Licht, es war bedrückend und ungemütlich. Ich lief die Zellen entlang und schaute mich um. Als ich fast schon gehen wollte, sah ich ein Schild an der Wand, und als ich es las, kam ich aus dem Staunen nicht mehr heraus. Dies war ein Bunker aus dem Zweiten Weltkrieg. Doch das Besondere an ihm war, dass in diesem Raum bis in die sechziger Jahre hinein die Gastarbeiter untergebracht worden waren, die mit Zügen aus Istanbul und Rom, aus Athen und Lissabon in München ankamen. Also auch mein Vater.

Tausende junge Männer und Frauen saßen hier, stunden- oder vielleicht tagelang, bis sie von Bussen abgeholt wurden, die sie zu ihren künftigen Arbeitgebern brachten, oder sie mit Zügen weiterfahren konnten nach Köln, Hamburg oder Berlin. Die Arbeiter bekamen hier eine warme Suppe, während sie auf ihre Weiterreise warteten, und konnten sich erholen. Aber warum hier? Warum nicht oben? Die zuständigen Behörden sagten damals, den Deutschen solle der Anblick der Fremdarbeiter erspart werden.

Für die Neuankömmlinge war das der Anfang ihres Abenteuers in Deutschland. Die meisten wurden von hier aus in Werkswohnungen gebracht, in Unterkünfte, die die Firmen für ihre Arbeiter bereitstellten. Es waren wohl die ersten Wohngemeinschaften des Landes, denn meist lebten in einem Zimmer bis zu zehn oder zwanzig Erwachsene, die auf Etagenbetten schliefen und sich eine Toilette, ein Waschbecken und einen Herd teilen mussten.

Nachdem sie den Tag über am Fließband gearbeitet hatten oder in der Kohlegrube, kamen sie abends erschöpft in ihr Zimmer – alle zusammen. Sie erzählten sich ihre Erlebnisse vom Tag, ihre neuen Eindrücke und ihre Flausen im Kopf und wurden ungewollt zu Freunden. Manche zückten ihre Wörterbücher und versuchten, einige Brocken der neuen Sprache zu lernen, manche konnten es nicht, weil sie nur schlecht lesen und schreiben konnten, manche waren zu erschöpft dafür oder hatten einfach keine Lust darauf. Sie kannten weder die Sprache ihrer deutschen Kollegen und Nachbarn noch ihre Lebensart oder ihre Denkweise. Genauso wenig, wie niemand die ihrige kannte. Der wohl größte Traum, den viele von ihnen hatten, war, viel Geld zu verdienen und bald wieder zurückzukehren zu Freunden und Verwandten. Ihre Lebensumstände waren nicht rosig, aber sie waren ja auch nicht hier, um Spaß zu haben. Vorübergehend, einige Jahre, wenn überhaupt, wollten sie arbeiten und dann wieder gehen. Nur so ließen sich wohl die schwierigen Umstände am Anfang ertragen, auch der Empfang im Bunker.

Damals wussten sie noch nicht, dass alles anders kommen würde, dass die deutsche Wirtschaft noch viel länger fremde Arbeitskräfte brauchen würde als geplant und es keinen Sinn ergab, dass sie gingen, nur damit neue kämen, die wieder angelernt werden müssten und so weiter und so fort. Auch wenn letztlich viele irgendwann zurückgekehrt sind, so sind die meisten doch geblieben. Wer hätte das damals gedacht, dort in dem kühlen Bunker unter Gleis 11?

Die Kolonie der Arbeiter

Wenn ich aus unserem Haus vor die Tür trat, dann stand ich immer vor einer riesigen Plantage – so kam es mir als Kind jedenfalls vor. Mais und Möhren, Paprika und Porree, Tomaten und Kartoffeln – alles blühte und gedeihte in unserer kleinen Siedlung im Ruhrgebiet. Sie wurde von allen »die Kolonie« genannt, und wenn man mich fragte, wo ich wohnte, dann sagte ich eben »in der Kolonie«.

Hier standen 40 bis 50 Häuser nebeneinander, in denen jeweils drei bis vier Familien wohnten, und bildeten einen Kreis, in dessen Mitte sich ein Acker befand, so groß wie ein halbes Fußballfeld. Um den Acker herum, an der Rückseite der Häuser entlang, verlief ringförmig ein Weg, der sich wie ein Gürtel um ihn legte. Wenn man vor die Haustür trat und nach rechts oder links den Weg entlanglief, immer weiter, dann kam man nach einer Weile wieder an der gleichen Stelle an. Man konnte den Weg über schmale Gassen verlassen, die zwischen den Häusern hindurch- und aus dem Kreis hinaus zur Hauptstraße führten.

In den Gassen konnte man Verstecken spielen, auf dem Weg konnte man Verfolgungsjagden machen oder man konnte mit dem Fahrrad an den Häusern vorbeiflitzen, aber das hatten natürlich die Erwachsenen nicht so gerne. Sie gingen über den Weg zu ihren Parzellen auf dem Acker oder zu ihren Nachbarn hinüber, und dann passierten manchmal kleine Unfälle, wenn plötzlich ein Fahrrad um die Kurve geschossen kam.

Auf dem Acker hatte jede Familie ihren eigenen Garten und baute Gemüse an. Getrennt lediglich durch ein bisschen Draht, den die Väter und Mütter von Pfahl zu Pfahl gezogen hatten. Manche hatten sich auch kleine Häuschen gezimmert, in denen sie Geräte abstellten oder richtige Ställe hatten für Hühner und Kaninchen.

Die türkischen Familien waren erst vor wenigen Jahren aus der Türkei in die Kolonie gekommen und fühlten sich im Schoße der Natur sehr wohl. Die meisten stammten selbst aus ländlichen Regionen. Die Häuser der Siedlung gehörten der Bergbaufirma, die die Arbeiter angeworben hatte, und so wohnten in jedem Haus deutsche und türkische Arbeiterfamilien nebeneinander und hatten auch gemeinsame Gärten.

Manche Türken übten dort ihre speziellen Anbautechniken, die sie aus der Heimat kannten, und manche Deutsche zeigten ihnen, wie es hierzulande üblich war, wie man Regenwürmer zum Angeln züchtete oder Taubenmist vom Dachboden als Dünger verwendete. So machte es auch Onkel Willi, der direkt neben uns wohnte und auf seinem Dachboden gurrende, reizende Brieftauben hielt, mit weißem oder grauem Gefieder, schönen wachen Augen und grazilem Gang. Onkel Willi hatte schon viele Preise mit ihnen gewonnen. Der ganze Dachboden war durchdrungen vom scharfen Geruch der Tauben. Säckeweise verkaufte oder verschenkte Onkel Willi den Taubenmist an die Nachbarn, die damit ihre Gärten düngten.

Für uns Kinder war es ein Riesenspaß, um die Gärten herumzulaufen und zwischen den Sträuchern zu spielen. Meine Freundin Nurgül wohnte in dem Haus, das unserem genau gegenüberlag. Manchmal rief meine Mutter über den Garten hinweg zu Nurgüls Mutter und sie verabredeten sich zum Teeklatsch oder gingen gemeinsam einkaufen. Nurgül hatte vier Geschwister, ihr Vater war schon in der Türkei ein Bergarbeiter gewesen und kein ungelernter Arbeiter wie viele andere. Unsere Familien waren wie Verwandte füreinander, denn richtige Verwandte hatten wir in Deutschland nicht. So ging es den meisten Familien. Alle waren alleine und hatten nur sich und ihre Kinder und ihre neuen Bekannten aus der Nachbarschaft und unter den Kollegen. Genau genommen war die Kolonie wie ein kleines Dorf, in dem jeder jeden kannte.

Die »kleine Frau«, *küçük kadın*, war Tante Anneliese. Sie hatte zwei Töchter und einen Mann, aber den sah man selten, weil er immer in der Kneipe war, sagten die Erwachsenen. Der Meister war ein alter Onkel, der schon seit vielen Jahren auf der Zeche arbeitete. Seinen richtigen Namen habe ich nie gekannt. Er stellte sich bei den Türken in der Siedlung immer nur als Meister vor. Im Sommer trug er kurze Hosen und Sandalen, er hatte spärliche weiße Haare, Bartstoppeln und einen runden Bauch. Vor seinem Haus, direkt am Gürtelweg, stand ein Kaninchenstall, und manchmal stellte er sich einen Liegestuhl und einen Sonnenschirm vor die Tür, machte sein kleines Radio an und entspannte sich.

Neben dem Meister wohnte Onkel Hasan mit seiner Familie und neben ihnen wohnte Tante Lena. Sie war die schönste Frau in der Kolonie. Sie war groß und hatte knallrote Haare, zwei Söhne und war geschieden. Auch sie hatte einen Stall vor dem Haus, in dem sie Kaninchen hielt. Als ihre Söhne größer waren, verschenkte sie die Kaninchen, räumte den Stall aus, und ab da kamen Fahrräder und Motorräder hinein.

Ein anderer Nachbar war Onkel Klaus. Er war dafür berühmt, dass er alles hatte, was Männer brauchten. Bohrmaschinen und Sägen, Äxte und Hämmer, Werkzeuge aller Art, und zwar so viele, dass sein Stall damit voll war, bis an die Decke. Er verlieh seine Sachen gerne, wenn er dafür eine Flasche Bier bekam oder sogar eine ganze Kiste.

Sein Nachbar war Onkel Mehmet, der mit ihm in derselben Grube arbeitete. Er kaufte sich irgendwann eine noch größere Kreissäge als Onkel Klaus, und dann dröhnte es in der ganzen Kolonie, wenn die beiden, »zuuuummm, zuuuummm«, um die Wette sägten.

Solche Wettbewerbe veranstalteten auch die Frauen manchmal, aber nicht mit Sägen, sondern mit Strick-, Stick- und Häkelnadeln. Sie versammelten sich vor dem Haus der *küçük kadın*, von Tante Ayten oder Tante Lena, stellten Stühle vor die Tür und zeigten sich gegenseitig die besten Häkelmuster, nach denen dann Kissen und Läufer und Vorhänge um die Wette gehäkelt wurden. In jeder Wohnung in der Kolonie gab es solche selbst gehäkelten Dinge. Eine Zeit lang war das sogar so modern, dass in jedem Auto auf der Heckablage eine Barbiepuppe in einem selbst gehäkelten, bunten Kleid stand, unter dem sich eine Klopapierrolle verbarg. Sie sollten übrigens spanische Mädchen darstellen, Flamencotänzerinnen mit wallenden Kleidern. Wenn eine Frau in der Kolonie ein neues Muster hatte, dann verbreitete sich dieses wie eine Laufmasche in der ganzen Nachbarschaft.

Manchmal veranstalteten die Familien vor ihren Häusern kleine Feste, und jeder, der wollte, konnte dabei sein, wenn der Weg ihn dorthin führte. Manchmal stellten wir Kinder uns auch nur in eine Ecke und schauten zu, wenn wir das Gefühl hatten, dass die Feiernden unter sich sein wollten. Es gab Polterabende, bei denen unzählige Teller und Gläser an den Hauswänden zerschellten, was die türkischen Familien mit amüsiertem Kopfschütteln über diese Verschwendung bedachten. Es gab Grillpartys und Kindergeburtstage, türkische Verlobungsfeiern und Beschneidungsfeste, und manchmal kam es auch vor, dass Männer vor einem Haus ihre Gebetsteppiche ausrollten und zusammen beteten. Aber sehr oft passierte das nicht. Es gab schließlich immer auch Nachbarn, die sich vor ihrer Tür in einer gemütlichen Runde ihren Raki oder ihr Bier gönnten, und das verträgt sich gar nicht gut mit Beten.

Die Kolonie war für uns Kinder wie ein riesengroßer Abenteuerspielplatz. Wir hatten alle Freiheiten zum Toben und Spielen und Schmutzigmachen, die man sich wünschen konnte, und die Bilder aus diesen Tagen stecken noch in vielen, vielen Fotoalben. Doch irgendwann, als wir älter waren, wurde alles anders. Über das Zusammenleben in der Kolonie brach eine Eiszeit herein und die Mitmenschlichkeit erstarrte. Es war, als ob die Uhren stehen geblieben wären und alles bis dahin Gewesene nur noch Erinnerung war. Eines Tages kamen Bulldozer in die Kolonie.

Riesige gelbe Maschinen walzten alle Gärten nieder. Sie rissen die Drahtzäune ein und zertrümmerten die Ställe und Gartenhäuschen. Die Kaninchen wurden verkauft und die Kinder vertrieben. Riesige Maschinen ratterten und brummten tagelang und bedeckten die einstigen Gärten mit staubigen Steinen und Beton. Stück für Stück wurde aus dem fruchtbaren, schwarzbraunen Acker eine leere, graue, kalte Fläche. Es wurden Laternen und Garagen aufgestellt und man durfte dort weder spielen noch Fahrrad fahren. Außer den Autobesitzern kam kaum noch jemand dort hin. Wozu auch?

Der Gürtelweg verschwand ebenfalls und der Beton kroch bis vor die Haustüren. Hohe Zäune grenzten die zu Terrassen erklärten Flächen ein. Auch zwischen den Häusern wurden Wände und Sträucher hochgezogen, und niemand konnte mehr seinen Nachbarn sehen. Nur noch durch den Zaun konnte man ein paar Worte miteinander wechseln, doch selbst das machte bald keiner mehr, denn man wusste nie, wer gerade auf der anderen Seite stand.

Man konnte auch nicht mehr Fahrrad fahren und sich nicht mehr so einfach gegenseitig besuchen. Wenn man das tun wollte, musste man jetzt immer nach vorne auf die Straßenseite hinausgehen und dann über den Bürgersteig zu dem entsprechenden Haus gehen. Das war viel zu umständlich und niemand wollte in großem Bogen um die halbe Kolonie herumlaufen, um an der Haustür von jemanden zu klingeln und um Einlass zu bitten. Also lebte von nun an jeder für sich, und wenn ein Nachbar starb oder auszog und ein neuer kam, dann wusste niemand mehr, wer das war. Familien begannen wegzuziehen, und neue Leute zogen ein, die schicke Kleider trugen und große Autos fuhren. Die Kolonie hatte sich verändert, so sehr, dass sie nicht mehr wiederzuerkennen war und sie niemand mehr »die Kolonie« nannte.

Erst viel später verstand ich, was passiert war. Die Zechen hatten dichtgemacht, viele Arbeiter wurden entlassen. Die Häuser wurden modernisiert und verkauft, die neuen Mieten waren für die Arbeiterfamilien zu teuer. So wurde die Kolonie allmählich vornehm und still. Die neuen Bewohner schauten auf uns Arbeiterfamilien herab, ihre Kinder mochten nicht mit uns spielen. Wir waren nicht mehr alle gleich, nicht länger alle Nachbarn, die sich die Gärten und das Gemüse teilten. Jetzt waren wir geteilt, in Arme und Reiche, Ausländer und Deutsche, Großfamilien und Singles.

Innerhalb weniger Jahre war aus unserer Kolonie eine andere Welt geworden. Aber nicht nur sie – das ganze Ruhrgebiet hatte sich verändert, und man nannte das den Strukturwandel.

Die türkischen Arbeiterfamilien, die fast alle dort weggezogen sind, außer ein paar, die sich ihr Haus kaufen konnten und einen Zaun darum bauten, bekamen die Schattenseiten des Wandels am meisten zu spüren. Von den neuen Jobs in der IT-Branche und den schicken Büros in den Neubausiedlungen des Ruhrgebietes bekamen sie nichts mit.

Einige machten sich selbstständig mit Dönerimbissen oder Gemüseläden, andere fanden Arbeit in Fabriken und wieder andere wurden arbeitslos. Viele kehrten auch zurück in die Türkei. Auch meine Freundin Nurgül zog weg. Sie heiratete und ging mit ihrem Mann nach München, wo er eine neue Stelle fand. Wäre es nach uns Kindern gegangen, hätte es den Strukturwandel niemals geben müssen. Wir haben unsere Kindheit in der Kolonie geliebt.

Der Schatz im Koffer

Eigentlich wollte Hasan nur für seine Mutter eine Tasche im Internet versteigern. Damit fing alles an. Er bekam dafür so viel Geld, dass seine Mutter begeistert war von seinem Erfolg und er zur Belohnung das Geld behalten durfte. Da entschloss er sich, nach weiteren Dingen zu suchen, die er versteigern und damit sein Taschengeld aufbessern konnte.

Er durchforstete die Schränke und Truhen in der Wohnung und stellte sämtliche Zimmer auf den Kopf in der Hoffnung, etwas Verkaufbares zu finden. Ein altes Radio, eine Gitarre seines Vaters, ein teures Kleid seiner Schwester, einen großen Spiegel, eine Werkzeugkiste und, und, und.

»Hasan, *Oğlum,* mein Sohn, du kannst doch nicht das ganze Haus verkaufen, die Sachen brauchen wir noch«, sagte seine Mutter und riet ihm, es lieber im Keller zu versuchen, denn dort lägen schließlich nur Sachen herum, die keiner mehr haben wolle. »Und wenn du schon mal da unten bist, kannst du gleich einmal richtig aufräumen. Dein Vater ist zu faul dazu und ich bin auch schon seit Jahren nicht mehr unten gewesen«, fügte sie hinzu.

Hasan ging also hinunter in den Keller und musste erst eine

Glühbirne in die Lampe schrauben, weil tatsächlich schon lange niemand mehr hier gewesen war und das fehlende Licht unbemerkt blieb. Dann öffnete er das Eisenschloss, schob die knarrende Holztür auf und betrat den Kellerraum. Der Raum war vom Boden bis zur niedrigen Decke vollgestellt mit Kisten und Kartons, mit großen, blauen Plastiksäcken und mit Regalen, in denen sich eingepackte Gegenstände befanden. Hasan wusste gar nicht, wo er anfangen sollte. Mal öffnete er den einen Karton, mal mal den anderen, bald schaute er in diese Tüte, dann wieder in eine andere. Hier waren offenbar Bücher verstaut, dort Kleidungsstücke, hier Elektrogeräte, dort Geschirr.

Aber Hasan war fest entschlossen, Geld zu verdienen, und wenn er alles, was hier so herumstand, würde verkaufen können, dann wäre er sicher bald ein reicher Mann, dachte er.

Unbeeindruckt vom etwas miefigen Geruch des Kellers krempelte er die Ärmel hoch und begann, im schummerigen Licht sein neues Kapital durchzuarbeiten. Bücher konnte man immer gebrauchen, also raus mit dem Karton. Alte Pfannen und Geschirr ließen sich schlecht verschicken – weg damit. Eine Kiste mit Lederjacken? Schon besser. Eine Tüte Legosteine – nicht schlecht.

Während er langsam die Fundstücke sortierte, fiel ihm mit einem Mal in einer Ecke ein alter, brauner Lederkoffer auf, der halb von einem Spinnengewebe und halb von einer Spielzeugtüte bedeckt war. Einen Lederkoffer konnte man bestimmt auch gut verkaufen, dachte er sich, schob einige Kartons und Regale zur Seite und bahnte sich den Weg in die Ecke. Dann wischte er das Spinnengewebe weg und zog am dicken Griff des Koffers. Doch der bewegte sich nicht. Er zog noch einmal, und wieder war der Koffer kaum von der Stelle zu bewegen. Erst mit einem erneuten starken Ruck löste er sich zwischen den anderen Gegenständen heraus und Hasan stellte fest, wie schwer der Koffer war, obwohl er nicht einmal besonders groß war. Mit viel Mühe zog er ihn aus der Ecke und schleifte ihn zur Tür. Dann legte er ihn vor sich auf den Boden und betrachtete ihn in seiner ganzen Pracht. Auf der Oberseite war aus gelben Klebestreifen das Wort »Pehlivan« aufgeklebt worden, und an einer Ecke schaute aus dem Koffer der Zipfel eines Tuchs hervor, dessen Kanten mit Perlen bestickt waren.

Hasan griff die beiden goldfarbenen Verschlussklappen und wollte sie öffnen, doch er hatte keine Chance, sie saßen bombenfest. Er schlug mit den Handflächen auf die Klappen, rüttelte und schüttelte den Koffer, richtete ihn auf, zog am Griff, versuchte es hier, versuchte es dort, aber nichts tat sich. Längst hatte er die anderen Gegenstände im Keller vergessen, und er war wild entschlossen, diesen Koffer zu öffnen.

Also staubte er den Koffer noch einmal so gut es ging mit den Händen ab, schloss die Tür hinter sich wieder zu und brachte den Koffer nach oben in sein Zimmer.

Es dauerte eine Weile und verschiedene Werkzeuge, bis er es schaffte, den ersten Verschluss zu öffnen. Schließlich durfte er ihn nicht beschädigen, er wollte ja den Koffer noch verkaufen. Da, klack, öffnete sich der andere Verschluss. Hasan legte das Werkzeug zur Seite, schaute sich den Koffer noch einmal an und klappte den Deckel hoch.

Was er sah, überraschte ihn. Er hatte mit vielem gerechnet, aber nicht damit. Ganz oben lag ein altes, vergilbtes Schwarz-Weiß-Foto, darunter ein bunter Stoffbeutel, außerdem eine Holzflöte, ein Holzlöffel, alte Silbermünzen in einem durchsichtigen Säckchen und noch viele weitere kleine Gegenstände. Vor allem aber war der Koffer voll mit Musikkassetten. Alle Jahrzehnte alt und von Sängern, von denen er noch nie gehört hatte. Yüksel Özkasap, Zeki Müren, Baris Manco. Halt, doch, den kannte er. Auf dem Cover war ein junger Mann mit langen schwarzen Haaren und einem Schnurrbart, dessen Spitzen ihm bis zum Kinn reichten. Er lebte schon seit fast zehn Jahren nicht mehr, aber Hasan hatte im Internet eine Remixversion eines seiner Lieder gehört. »Cool«, dachte er sich, »so hat der mal als junger Mann ausgesehen.« Er kramte weiter in den Kassetten herum.

»Was? Elvis Presley? Wie kommt der denn hierhin?«, fragte er sich und grinste. Daneben Bülent Ersoy. »Donnerwetter, die war mal ein Mann?« Als die Sängerin Bülent Ersoy sich hatte umoperieren lassen, war Hasan noch gar nicht geboren gewesen. Stück für Stück entleerte Hasan den Inhalt des Koffers, und als er auf ein weiteres Foto stieß, dämmerte es ihm allmählich, was es mit diesem Koffer auf sich haben könnte. Auf dem Foto war eine Familie abgebildet, eine alte Frau mit einem Kopftuch, ein Mann mit einer Nickelbrille und Seitenscheitel und mit einem Schnurrbart, zwei erwachsene Kinder und noch ein kleiner Junge, der auf dem Schoß der alten Frau saß. Es musste ein Familienfoto sein, dachte sich Hasan, und die Gesichter kamen ihm bekannt vor, aber wer waren diese Leute?

Er legte das Foto zur Seite und griff nach der Holzflöte. Ein feiner, hoher Klang kam heraus, anders als bei der Blockflöte, die er in der Schule gespielt hatte. Als nächstes nahm er den Beutel und öffnete den Knoten. Heraus kamen gefaltete, bunte Baumwolltücher, deren Ränder mit Perlen bestickt waren. Solche, wie sie seine Oma auch manchmal trug. Dann ein alter Rasierpinsel mit einem schweren Rasiermesser, eine kleine, silberne, runde Taschenuhr, die stehen geblieben war. Er nahm die Uhr, klopfte drauf, rüttelte sie, klappte sie auf und zu, dann steckte er sie in die Brusttasche seines T-Shirts. Als nächsten zog er eine Fellmütze aus dem Beutel. Er setzte sie sich auf den Kopf, stand auf und schaute in den Spiegel. Sie war ein bisschen zu groß, aber er fand sie richtig cool und behielt er sie gleich an.

Dann fand er eine schwere Kette, die aus Silbermünzen und einigen eingefassten Edelsteinen bestand. Sie klimperte dumpf und schien tatsächlich wertvoll zu sein. Für die würde er bestimmt sehr viel Geld bekommen, dachte er sich.

Unter dem Beutel lag noch ein zusammengerolltes Kleidungsstück, das er vorsichtig herausholte, offenbar war noch ein Gegenstand darin eingewickelt. Zuerst dachte er, es sei eine bunte Blumenvase aus Glas, doch dann sah er den langen Gummischlauch, an dem ein Mundstück befestigt war und das kleine Tellerchen. Vorsichtig setzte die Teile zusammen. Na klar, es eine Nargile, eine Wasserpfeife.

»Dafür krieg ich richtig Kohle«, dachte sich Hasan und rieb sich vor Freude die Hände. Dann stand er auf und entrollte das Kleidungsstück, in dem die Nargile eingewickelt gewesen war. Es war ein dunkelroter, fast schwarzer Mantel. Er war am Kragen über und über mit einem farbigen Muster bestickt, ebenso an den Schultern und an den Ärmeln, die wie Trompeten weit auseinandergingen und zwei lange Schlitze unten an den Seiten hatten. Ein normaler Mantel war das jedenfalls nicht. Natürlich musste Hasan auch diesen anprobieren. Wer immer ihn getragen hatte, er musste größer als er selbst gewesen sein. Er fand noch einen breiten Stoffgurt, der farblich zu dem Mantel passte und den er sich anlegte, und dann vervollständigte er sein Outfit, als er noch leichte, schwarze Lederstiefel im Koffer fand, die er anzog. Als er sich so im Spiegel sah, musste er fast lachen. Jetzt fehlten ihm nur noch ein Schwert und ein Schnurrbart, dachte er sich, dann sähe er aus wie die Kerle in den alten türkischen Historienfilmen, die gegen Könige und Despoten kämpften. Das fand er ziemlich cool, und er posierte vor dem Spiegel mal in die eine, mal in die andere Richtung wie beim Fotoshooting. Sollte er die Sachen wirklich verkaufen? Während er noch unschlüssig über die Frage grübelte, ging plötzlich die Tür auf und seine Mutter kam herein. Sie erschrak fürchterlich und schrie laut auf: »*Allah! Bu ne*?! Was ist das?!«

Hasan fing an zu lachen und konnte kaum antworten. »*Korkma korkma*, keine Angst, ich bin's, dein Sohn!«, keuchte er.

»Was sind das denn für Klamotten, *Oğlum*?«, fragte sie. »Und was ist das für ein Koffer?«

Gerade wollte Hasan zu erzählen ansetzen, da beugte sie sich zu dem Koffer hinunter und schluchzte mit weinerlicher Stimme: »Ooooh, meine liebe Oma, mein Opa! *Ah canlarım*. Meine lieben Herzchen«, rief sie und stürzte sich auf die Sachen.

»Mama, ich sag dir, damit machen wir ordentlich Kohle«, strahlte Hasan. »Ich schwör dir, das sind alles Antiquitäten, dafür krieg ich ein Vermögen!«

»Bist du verrückt?!«, rief seine Mutter. »Diese Sachen wirst du auf keinen Fall verkaufen. Am besten ist, du packst alles wieder ein und legst den Koffer dahin zurück, wo du ihn gefunden hast.«

Hasan war maßlos enttäuscht. »Aber wo kommen denn die Sachen überhaupt her?«

»Von deinen Großeltern, meinen Eltern«, erklärte seine Mutter. Seit Jahren schon stand der Koffer bei ihnen im Keller, wo ihn die Großeltern während ihrer Abwesenheit sicher aufbewahrt wussten: Sie lebten nämlich stets nur die Hälfte des Jahres in Deutschland und das andere halbe Jahr in der Türkei. Nicht, weil sie es an beiden Orten nicht länger ausgehalten hätten, sondern weil sie mit ihrem türkischen Pass Deutschland nicht länger als sechs Monate verlassen durften. Andernfalls verlören sie hier all ihre Rechte und dürften womöglich nie wieder zurück. Obwohl sie schon seit fast 50 Jahren hier lebten.

So sind die Gesetze, da die Türkei kein Mitglied der EU ist. Und das bedeutete für die Großeltern, dass sie auf ihre alten

Tage noch hin- und herpendeln mussten, wenn sie den Kontakt zu ihren Verwandten und Freunden in der Türkei nicht verlieren und zugleich ihre Kinder und Enkel sehen und die deutsche Heimat hier nicht für immer verlassen wollten.

Wenn die Großeltern bald wieder aus der Türkei zurückkämen, sollte Hasan sie nach dem Koffer fragen, doch er war so ungeduldig, dass er seinen Großvater schon am Telefon von seinem Fund erzählte.

»Der Kaftan ist echt cool, *Dede*«, sagte er, und sein *Dede,* der Opa, verstand nicht sofort, was er meinte, denn er hatte den Koffer nach all den Jahren offensichtlich längst vergessen. Doch als er aus der Türkei zurückkam und Hasan ihm den Koffer präsentierte, da freute sich Opa Ahmet wie ein junger Bursche.

So einer, wie er damals gewesen war, als er 1963 nach Deutschland kam, mit diesem ledernen Koffer in der Hand. Die Sachen, die heute darin lagen, hatten er und seine Frau, Hasans Großmutter, sich von ihren Reisen in ihr Dorf mitgebracht und als Andenken aufbewahrt.

Der Großvater war in seiner Jugend ein angesehener Ringkämpfer gewesen, einer von denen in knielanger Lederhose, die sich über und über mit Öl begießen. Ein *Pehlivan*. Er hatte schon als Junge viele Preise gewonnen und war in seiner Heimatstadt eine echte Berühmtheit. Nachdem er als Arbeiter nach Deutschland gekommen war, hatte er seinen Sport nie wieder ausgeübt, aber für seine Freunde und Bekannten blieb er immer der *Pehlivan.*

Der Mantel, die Uhr und die anderen Sachen waren Geschenke für seine damaligen Erfolge gewesen, und die Silberkette hatte er seiner Frau gekauft, als er sich in sie verliebt hatte. Auf der Flöte hatte er gespielt, wenn er im Sommer auf der Weide die Schafe hütete, und das Foto gehörte seinem Vater, der Lehrer war, also Hasans Urgroßvater.

Türkische Ölringer beim Kampf.

Als Hasan das alles hörte, da war er froh, dass er die Sachen nicht verkauft hatte, und er nahm sich vor, sie weiterhin aufzubewahren.

Nach einer Weile packten die Großeltern ihre Taschen und gaben ihren Kindern und Enkeln die Geschenke, die sie ihnen wie immer von ihren Reisen mitgebracht hatten. Aber diesmal bekam Hasan kein Trikot von Galatasaray geschenkt, auch keinen MP3-Player und keine Lederjacke. Diesmal bekam er ein halbes Vermögen geschenkt: eine dicke, fette Goldmedaille.

Die anderen alten Sachen im Keller hat Hasan übrigens einem Trödler geschenkt, und seine Eltern freuten sich am meisten über die ganze Aktion, denn der Keller war danach blitzblank.

Teil 4
Grauer Alltag in Almanya
Schein und Sein

Keine Wohnung für Türken

Es gibt viele Arten, eine Wohnung zu suchen. Man kann mit erhobenem Kopf durch die Straßen laufen und nach großen Schildern in den Fenstern Ausschau halten, auf denen »Zu vermieten« steht. Aber das sieht man nicht oft. Man kann Freunde fragen, man kann einen Makler anrufen und sich freie Wohnungen zeigen lassen, oder man kann die klassische Methode wählen und einfach die Zeitungen durchblättern.

Meine Freundin Ayla hatte sich für die letzte Version entschieden und sich in mühsamer Kleinarbeit alle infrage kommenden Wohnungen aus aus den Anzeigen sämtlicher Zeitungen der Stadt herausgesucht. Dann rief sie nach und nach die angegebenen Nummern an. Manchmal hieß es, die Wohnung sei schon vergeben, andere Male, dass sie vorbeikommen und sie anschauen könne. In diesen Fällen war sie natürlich sehr froh. Da vier Augen mehr sehen als zwei, so behauptete sie, überredete sie mich, sie zur Besichtigung zu begleiten, aber ich vermutete, dass es noch einen anderen Grund hatte.

»Wir müssen uns aber schick anziehen, damit wir einen guten Eindruck machen«, sagte sie zu mir am Telefon und obwohl ich mehr der Typ Turnschuhe und Jeansjacke bin, spielte ich brav mit und zog mich »seriös« an: Ein dunkler Anzug, eine schicke Bluse und feine Schuhe.

Wir trafen uns vor der ersten Wohnung, die sie sich anschauen wollte. Neben uns standen noch mindestens sieben oder acht andere Interessierte. Der Makler, der sich um die

Wohnung kümmerte, öffnete uns die Haustür, wir gingen alle zusammen hinein und schauten uns die leere Wohnung an. Ayla gefiel die Wohnung nicht, und so dauerte unsere Besichtigungstour nicht lange. Es ging weiter zur zweiten Wohnung, die ganz in der Nähe lag.

Diesmal kam uns ein älterer Herr entgegen, der sich als Vermieter vorstellte. Er blieb ein Stück vor uns stehen, schaute uns von oben bis unten an, zögerte etwas und sagte dann: »Mit wem habe ich denn telefoniert?«

»Mit mir, mit mir«, sagte Ayla, gab ihm die Hand und stellte sich vor.

»Aha«, bemerkte der Mann, öffnete die Tür und ließ uns eintreten. Die Wohnung war nicht schlecht.

»Wollen sie zusammen einziehen?«, fragte der Vermieter.

»Nein, nur ich«, sagte Ayla.

Wir gingen in der Wohnung umher, öffneten die Fenster, von denen eines zur Straße und das andere zum Hof hinausging, bestaunten die schönen Fliesen in der Küche und den geräumigen Eingang.

»Doch, die könnte mir gefallen«, sagte Ayla und schaute zum Vermieter hinüber. Der hob und senkte langsam den Kopf, als müsse er über irgendetwas nachgrübeln.

»Ist die Wohnung denn nicht zu groß für sie alleine?«, fragte er Ayla schließlich.

»Nein, die ist genau richtig«, antwortete sie.

»Ist sie denn nicht zu teuer für Sie?«, fragte er.

»Nein, sonst würde ich sie mir ja nicht anschauen«, sagte Ayla lachend und fügte dann, um dem Vermieter die Sorge zu nehmen, sie könne vielleicht das Geld für die Miete nicht aufbringen, hinzu: »Ich bin Diplom-Betriebswirtin und arbeite als leitende Angestellte. Hier ist meine Visitenkarte.« Sie drückte ihm die Karte in die Hand.

Er nahm sie und sagte dann: »Sind sie Türkin?«

Ayla schaute zu mir rüber, als wollte sie sagen: »Ist der taub? Ich habe ihm doch gesagt, wer ich bin. Was spielt es für eine Rolle, ob ich Türkin bin?« Laut aber antwortete sie nur: »Ja, warum?«

»Ich hab mir das schon gedacht«, sagte der Mann und kratzte sich am Kinn. »Ich habe mir das schon gedacht«, wiederholte er.

»Was haben Sie sich gedacht?«, fragte Ayla.

»Ach, ich meinte nur so«, sagte er und war sich offenbar bewusst, dass die Frage nicht ganz fein gewesen war.

»Machen Sie sich keine Sorgen«, sagte Ayla, bemüht lächelnd. Die Wohnung gefiel ihr sehr gut, und sie begann, sich Sorgen zu machen, dass der Vermieter sie ihr womöglich nicht geben würde. »Sie sehen doch selbst, wer und wie ich bin«, fügte sie hinzu und versuchte in ihrer Verzweiflung offenbar, ihn mit ihrem Charme zu beeindrucken.

»Ich möchte ja eigentlich nicht an türkische Familien vermieten«, sagte der Vermieter. Ayla sah ihn verständnislos an. »Wieso Familie? Ich will doch alleine einziehen. Habe ich doch gesagt.« Etwas fröhlicher fuhr sie fort: »Ich habe einen geregelten und guten Job, ich rauche nicht, ich trinke nicht, ich mache keinen Lärm – aus dem Alter bin ich heraus.« Doch insgeheim wusste sie, dass sie wohl keine Chance mehr hatte.

»Ja, ja«, wand sich der Mann. »Aber man hört ja so vieles. Also, ich möchte eigentlich nicht an türkische Familien vermieten.«

Es war eine komische Situation. Ich konnte spüren, wie ratlos und ohnmächtig Ayla sich fühlte. Sie hatte die besten Voraussetzungen, die ein Vermieter sich wünschen konnte, und sie hatte sich extra fein gemacht und auch mich dazu genötigt und als Referenz mitgenommen, hatte sich die größte Mühe gegeben, einen guten Eindruck zu machen, und trotzdem gab dieser Mensch ihr offensichtlich nicht die geringste Chance.

»Also, wenn Sie nicht wollen, kann ich sie ja nicht zwingen«, sagte Ayla und blickte den Vermieter ruhig an. »Aber Sie sollten nicht alles glauben, was man so von Türken erzählt, und lieber mal auf auf den Menschen schauen, der vor ihnen steht!«

Dann warf sie trotzig ihre Tasche über die Schulter. »Sie haben ja meine Visitenkarte. Wenn Sie es sich anders überlegen, freue ich mich, wenn nicht, dann müssen Sie es eben selber wissen«, sagte sie, griff mich am Arm und zog mich hinaus. Vor der Tür brach es aus ihr heraus. »So ein Penner!«, fluchte sie. »So ein Idiot. Was glaubt der eigentlich, wer er ist. Was denkt der, was er da vermietet? Ein Schloss? Meint er, ich fresse seine Wohnung auf, dieser Blödmann?« Sie kriegte sich gar nicht wieder ein.

»Lass doch«, sagte ich, »du hast ja noch andere Adressen auf der Liste, gehen wir dorthin.«

An diesem Tag schauten wir uns noch vier oder fünf verschiedene Wohnungen an, aber entweder sie gefielen uns nicht oder wir bekamen sie nicht. Nicht immer waren die Vermieter und Makler so offen wie der vorherige, im Gegenteil. Als wir an einer Wohnung klingelten, da wehte der Vorhang am Fenster und ein Kopf schimmerte durch. Offenbar wurden wir beobachtet, aber niemand machte auf.

»Das kann ja wohl nicht wahr sein«, schimpfte Ayla. »Die sind zu Hause und wollen uns nicht reinlassen. Dabei haben sie am Telefon gesagt, ich soll kommen.«

Aber am Telefon konnte man sie nicht sehen. Nicht ihre schwarzen Haare und nicht ihre dunklen Augen. Da Ayla ein akzentfreies Deutsch spricht, waren sie am Telefon wohl nicht auf die Idee gekommen, dass sie Ausländerin sein könnte. Aber als sie in voller orientalischer Schönheit vor ihnen stand, da schien sie wie ein rotes Tuch für ihre Vorurteile und Ängste zu sein, und dagegen ist jeder machtlos. Es ist verletzend und sogar erniedrigend, aber man kann in diesen Momenten nichts dagegen tun.

Wir gönnten uns ein schönes Eis in einem Straßencafé, bevor wir nach Hause gingen, und besprachen das weitere Vorgehen. Ayla entschloss sich, selbst eine Anzeige in die Zeitung zu setzen, in der sie ihre Herkunft andeuten, aber nicht verraten wollte, damit sie noch eine kleine Chance hätte. Sie bekam mehrere Angebote, schaute sie sich diesmal alleine an und machte meist ähnliche Erfahrungen. Mehrere Vermieter oder Makler wollten sie zurückrufen, und einige taten es letztendlich auch. Am Ende, nach einigem Bangen und Zittern, fand ihre Suche doch noch ein gutes Ende und sie bekam eine Wohnung, die ihr gefiel. Hätte Ayla in einer Großstadt wie Köln oder Berlin gesucht, dann hätte sie es vielleicht einfacher gehabt.

Solche Geschichten von vergeblicher Wohnungssuche und von deutschen Vermietern, die keine Ausländer wollen, hört man in türkischen Kreisen ständig. Da man, wenn es einmal geklappt hat, für die nächsten Jahre seine Ruhe hat, vergisst man sie auch schnell wieder und genießt die Gemütlichkeit im neuen zu Hause.

Aber es gibt eine Begebenheit, die ich persönlich nie vergessen werde, weil sie so einmalig ist und weil sie einer der Gründe ist, warum ich immer an das Gute im Menschen glaube.

Als ich eine Wohnung in Köln suchte, habe ich auch eine Anzeige in die Zeitung gesetzt. Ich wurde zurückgerufen, ging zur Besichtigung und wurde auch oft abgewiesen, wenn man von meiner türkischen Herkunft erfuhr. Sicher war das nicht der einzige Grund, und es gab vielleicht Bewerber, die dem Vermieter einfach besser passten. Aber die Herkunft war dennoch ein Kriterium. Nach langer Suche war ich frustriert, dass mir niemand seine Wohnung vermieten wollte, obwohl ich überzeugt war, eine gute Mieterin zu sein.

Eines Tages rief mich eine ältere Frau an. Sie habe eine Wohnung und wolle sie mir zeigen, sagte sie am Telefon. Wir unterhielten uns eine Weile über Gott und die Welt, und schließlich ging ich hin, obwohl die Wohnung nicht optimal klang.

Eine Dame von etwa 70 Jahren stellte sich als die Vermieterin vor und führte mich durch die Wohnung. Sie fragte mich auch, ob ich Türkin sei, und als ich das bejahte, sagte sie: »Mein Enkel hatte einen ganz lieben türkischen Freund, als er klein war, und sie spielten oft zusammen in unserem Garten. Er ist ja jetzt schon erwachsen, aber wir hatten ihn immer sehr gern, und auch seine Eltern waren ganz liebe Menschen. Und Sie sind auch eine sehr nette Frau.«

Ich war erstaunt; so viele gute Worte von einer Vermieterin zu hören war ich gar nicht gewöhnt. Es tat mir gut, mich mit ihr zu unterhalten.

»Hier, mein Mädchen, nehmen Sie den Schlüssel für die Wohnung, und kommen Sie und schauen Sie sich noch mal in Ruhe um, wenn Sie dazu Lust haben. Ich würde mich freuen, wenn Sie die Wohnung nehmen«, sagte sie. Ich war sprachlos, dass mir so etwas passierte.

Diese eine Frau hatte mich alle meine Enttäuschungen vergessen lassen. Ich kam wieder, schaute mir die Wohnung noch einmal an und habe sie schließlich genommen. Vielleicht auch deshalb, weil ich bei jemandem wohnen wollte, der mich auch als Türkin gerne hat. Weder sie noch ich haben es je bereut, dass ich dort eingezogen bin, denn wir hatten immer ein sehr gutes Verhältnis zueinander und auch zu den vielen anderen Nachbarn.

»Nur schlechte Nachrichten sind gute Nachrichten«

Es gibt in der Medienwelt einen berühmten Spruch, den ein amerikanischer Zeitungsjournalist erfunden haben soll: »Only bad news is good news.« Oder man sagt auch: »Wenn ein Hund einen Mann beißt, dann ist das keine Nachricht, aber wenn ein Mann einen Hund beißt, schon.« Schließlich ist das nichts Alltägliches, es ist spektakulär, und jeder wird wissen wollen, was dahinter steckt, warum dieser Mann einen Hund beißt.

Diese Prinzipien sind wichtig im Journalismus, denn Zeitungen, Radios und Fernsehkanäle müssen mit ihren Informationen möglichst viele Menschen erreichen, um Profit zu machen. Normalerweise ist das auch kein Problem, denn wir Mediennutzer wollen schließlich das Interessanteste erfahren.

Doch die Sache hat einen Haken. Das Prinzip funktioniert nur dann richtig, wenn man schon genug über Hunde und über Männer weiß. Um die Sensation, die in der Schlagzeile »Mann beißt Hund« steckt, zu begreifen, muss allgemein bekannt sein, dass Hunde im Grunde genommen liebe Tiere sind und dass Männer sie üblicherweise nicht beißen. Erst dadurch wird klar, dass es sich um eine Ausnahmeerscheinung handelt und solche Fälle nicht den Normalzustand wiedergeben. Zudem muss man sich bewusst sein, dass es neben der einen schlechten stets jede Menge gute Nachrichten gibt – also die Mehrzahl der Hunde keine scharfen Männerzähne zu fürchten braucht. Wenn man jedoch diesen Zusammenhang nicht kennt, dann sieht die Sache anders aus.

So ähnlich verhält es sich mit den vielen Berichten über Türken, Ausländern, Zuwanderern oder »Menschen mit Migrationshintergrund«, wie es neudeutsch-gestelzt gerne heißt. Auch diese Begriffe sind mit der Zeit über die Medien verbreitet worden. Früher sagte man schlicht Gastarbeiter und Ausländer, doch heute weiß man, dass sich die Situation der Menschen und auch die Menschen selbst geändert haben. Dennoch: So wie man früher viele Dinge über diese Menschen nicht wusste, so gibt es auch heute noch vieles, das unbekannt ist.

Ich wundere mich zum Beispiel immer wieder, wie gering das Allgemeinwissen über die Türkei oder über die türkische Kultur in Deutschland ist, obwohl schon fast 16 Millionen Deutsche in der Türkei Urlaub gemacht haben, rund 100 000 Deutsche mit Türken verheiratet oder liiert sind und sicherlich mehrere Millionen auch Türken zu ihrem Freundeskreis zählen. Das Image der Türkischstämmigen ist trotz allem ziemlich negativ, wie Umfragen in Deutschland immer wieder zeigen.

Wenn man bedenkt, dass die meisten Menschen ihre Informationen aus den Medien beziehen und dass die Medien meist nach dem Prinzip »Nur schlechte Nachrichten sind gute Nachrichten« vorgehen, dann ist das vielleicht sogar verständlich. Was erzählen uns die Medien über Türken? Oder besser gefragt, was haben sie uns bislang immer erzählt?

Diese Frage ist nicht neu, im Gegenteil. Schon häufig wurde dieses Thema erforscht, wurden Zeitungsberichte analysiert, Zeitschriften auseinandergerupft, Radio- und Fernsehsendungen durchforstet. Alles auf der Suche nach dem Bild, das die Medien über Zugewanderte vermitteln. Diese Untersuchungen kommen fast alle zum gleichen Ergebnis: dass es zwar immer mal wieder objektive und vielseitige Berichte gibt, dass aber die große Mehrheit der Berichte einseitig ist und ein verzerrtes Bild von Türken und Ausländern und Zugewanderten wiedergibt. Meistens werden sie thematisiert, wenn es um Probleme geht, mit dem Kopftuch, mit Gewalt, mit Extremismus, mit Misserfolgen in der Schule und mit allerlei Unannehmlichkeiten. Türkische Frauen sind dann ständig arme, unterdrückte

Wesen, türkische Männer kriminell und gewalttätig, türkische Kinder erfolglos und dumm.

Einige Zeitungen und Zeitschriften stört es nicht sonderlich, dass sie mit ihren ewig gleichen Berichten solche Vorurteile schüren. Schließlich taugen diese Inhalte stets für spektakuläre Schlagzeilen und generieren viel Interesse. Andere Medien erkennen allmählich, dass diese ständige, einseitige Darstellung gesellschaftliche Unruhe stiftet und das gegenseitige Verständnis behindert, weil das grundlegende Wissen über die Normalität fehlt. Dabei könnten gerade Medien viel dazu beitragen, dieses Wissen zu vermitteln.

Das ist ein Grund, warum in Ländern wie England oder Holland schon seit langer Zeit Projekte duchgeführt werden, um die Medienkompetenz bei diesen Themen zu verbessern. Auch in Deutschland gibt es inzwischen einige solcher Projekte. Dazu gehört zum Beispiel, dass deutsche Journalisten sich über kulturelle Vielfalt informieren, dass sie Seminare über Zuwanderer oder speziell über die Türkei besuchen können, um mehr Hintergrundinformationen zu erhalten. Eine Quote für große Fernsehsender, nach der sie eine bestimmte Anzahl von Mitarbeitern aus zugewanderten Familien beschäftigen müssen, damit sie dort repräsentiert sind, gibt es in Deutschland im Gegensatz zu anderen Ländern wie etwa Großbritannien nicht.

Sender wie der WDR oder das ZDF versuchen, Nachwuchsjournalisten durch Fortbildungen und Fördermaßnahmen für das Thema zu sensibilisieren, und auch einige andere Sender und Redaktionen beteiligen sich an Projekten in dieser Richtung. All das hat dazu beigetragen, dass es eine Reihe von interessanten Programmen und Formaten gibt, die wir regelmäßig hören oder sehen können, aber letztlich können sie das schiefe Bild, das in fast 50 Jahren entstanden ist, nicht von jetzt auf gleich geraderücken. Wir alle werden noch eine Weile mit ihm leben müssen.

Ein deutscher Bekannter von mir kam einmal von einem längeren Aufenthalt in Amerika zurück und meinte, jetzt könne er die Türken in Deutschland besser verstehen. In den USA sei es ihm ständig passiert, dass man ihn gefragte habe, ob er denn auch ein Nazi sei oder seine Eltern und Großeltern? Und manche hätten sogar wissen wollen, ob Adolf Hitler noch immer an der Macht sei. Dieser Unsinn habe ihn nach kurzer Zeit so frustriert, dass er fast gar keine Lust mehr gehabt habe, Amerikaner kennen zu lernen, sagte er. Wer will sich auch ständig verteidigen und immer wieder erzählen müssen, dass doch nicht alle Deutschen gleich sind.

Ein anderes, trauriges Beispiel hat mir einmal ein Deutscher erzählt, der im Ausland gefragt wurde, ob die Deutschen alle Kinderschänder seien. Dort hatte man ständig in den Nachrichten gesehen, wie deutsche Eltern ihre Kinder in Kühltruhen steckten oder missbrauchten. Wir sind schockiert, wenn wir das hören, und fragen uns, wie man so über Deutsche denken kann. Doch ebenso denken wir in Deutschland oft schlecht über andere Völker und merken nicht einmal dann, wie falsch unsere Verallgemeinerungen sind, selbst wenn ihre Angehörigen unter uns, in unserer Stadt, in unserer Nachbarschaft leben und wir sie eigentlich besser kennen sollten.

Sind alle Türken gewalttätig? Sind alle Türkinnen unterdrückt? Können sie alle kein Deutsch, sind schlecht in der Schule und wollen nichts mit Deutschen zu tun haben? Nein, natürlich nicht. Doch genau diese Eindrücke drängen sich zuweilen auf, wenn man Nachrichten, Berichte in Zeitungen und Fernsehprogrammen sieht, und zwar nicht immer direkt, sondern oft indirekt, und das ist das eigentlich Schlimme. Dadurch merken wir irgendwann gar nicht mehr, dass diese Negativbilder in unseren Köpfen stecken und wir anfangen, sie für selbstverständlich zu nehmen.

Wenn wir eine Nachricht über einen Bankraub lesen, dann heißt es in der Regel, »ein Bankräuber hat eine Filiale in sowieso überfallen«. Es wird nicht extra erwähnt, dass er Deutscher ist – davon geht der Leser aus. Wenn der Räuber aber Mehmet heißt, dann lautet die Meldung: »Ein Türke hat eine Bank überfallen«, auch wenn Mehmet in Wanne-Eickel geboren wurde und noch nie in seinem Leben in der Türkei war. Und schon macht es bei uns allen klick! – aha, schon wieder ein Türke, schon wieder kriminell. Und schon hat sich unser negatives Bild bestätigt, und wir sind wieder ein bisschen skeptischer gegenüber Türken und demnächst vielleicht lieber ein bisschen vorsichtiger, wenn wir einem auf der Straße begegnen.

Natürlich gibt es die vielen kleinen und großen Kriminellen unter den Türken in Deutschland, und sie werden hoffentlich ihre gerechte Strafe erhalten. Und natürlich gibt es auch die Frauen, die unterdrückt werden oder sehr unter den Männern der Familie leiden. Genauso wie es deutsche Eltern gibt, die ihre Kinder misshandeln, oder deutsche Frauen, die von ihren deutschen Männern geschlagen werden, und man muss diesen Menschen helfen. Aber die Art, in der darüber berichtet wird, ist eine andere, wenn es sich um Türkinnen oder Muslime handelt, und das hat Folgen für uns alle.

Deshalb ist es so wichtig, *wie* man Nachrichten formuliert und *welche* Informationen man genau vermittelt. Aussortieren und selektieren muss man als Journalist immer. Aber in unserem meist hektischen, journalistischen Arbeitsalltag fehlen zu oft die Zeit und der Idealismus, es besser zu machen, und so nehmen die Bilder ihren Lauf und die Vorurteile bekommen neue Nahrung.

Dazu kommt der politische Aspekt, der traurigerweise in vielen schlechten Nachrichten und Sensationsmeldungen steckt. Wie ein bekannter Medienforscher sagt, gehen deutsche

Medienmacher oft viel zu unkritisch gerade mit konservativen Politikern um. Statt die Dinge objektiv zu betrachten und zu kommentieren, wie es ihre Aufgabe wäre, reden sie der Politik oft nach dem Mund, wenn es um Zuwanderer geht, meint er. Hinter einer großen Anzahl aufgeblasener und immer wiederkehrender Negativnachrichten über kriminelle Ausländer und unterdrückte Türkinnen steckt vielleicht eine Absicht, etwa die, den Beitritt der Türkei zur EU zu verhindern oder wenigstens zu erschweren. Da nützt es durchaus, wenn möglichst viele Leute sich dieser Meinung anschließen und Angst vor Türken haben. So werden wir alle Opfer von Stimmungsmachern, die einen Keil zwischen uns treiben wollen, zwischen die Zugewanderten und die Alteingesessenen. Gerade in Wahlkampfzeiten artet das oft in regelrechte Kampagnen aus. Diese Strategie der politischen Einflussnahme durch die Medien ist weder neu noch außergewöhnlich und natürlich nicht auf dieses Thema oder auf Deutschland beschränkt. Sie gilt bei anderen Themen ebenso wie in anderen Ländern, aber eben auch bezogen auf Türken in Deutschland, Muslime oder Zuwanderer allgemein.

Die Medien sind auch verantwortlich dafür, dass bestimmte Begriffe in Umlauf gebracht wurden, die in ihrer Verwendung grundsätzlich falsch sind. Das Wort »Parallelgesellschaft« ist eines davon. Es wird behauptet, türkischstämmige Menschen würden sich in bestimmte Gegenden zurückziehen, abschotten und in Parallelgesellschaften leben. Doch dieser Begriff wurde für die Türken in Deutschland nicht von Soziologen eingebracht, also von Experten, die es wissen müssen, sondern von Medienleuten. Richtige Parallelgesellschaften, wie zum Beispiel in Frankreich, wo manche Zuwanderer völlig isoliert unter sich leben, gibt es in Deutschland nicht, da sind sich die Soziologen einig. Trotzdem wird das Schlagwort immer wieder benutzt. Nicht alle Medienleute machen bei diesem Spiel mit. Besonders in jüngster Zeit wird immer wieder auch über Hintergründe, über bisher untypische Dinge berichtet, über Kulturelles wie Literatur und Musik aus der Türkei, und es gibt Programme, in denen Journalisten wie ich und viele deutsche Kollegen versuchen, auch andere Seiten von Zuwanderern zu zeigen. Das Bewusstsein dafür, dass man umdenken muss, macht sich zögerlich breit.

So schlimm wie früher ist es aber heute nicht mehr. Zumindest gibt es mehr Protest, wenn wieder einmal offen Vorurteile gegen Ausländer geschürt werden. Protest von Deutschen und auch von Zuwanderern selbst.

Heute sieht man in Casting-Shows, wie gut oder wie schlecht Leute singen, die keine deutschen Namen tragen, oder in Talkshows am Nachmittag, dass diese Gäste genauso dumm oder genauso intelligent sind wie die deutschen. Aber auch dort werden noch immer Ausländer viel zu oft nur in bestimmten Rollen präsentiert. Und in Serien, Spielfilmen oder in der Werbung tauchen Türken als normale Menschen von nebenan auch selten auf.

Wie gut, dass es heute Moderatoren und Schauspieler und Künstlerinnen gibt, die türkischer Herkunft sind und die Klischees nicht bedienen. An ihnen sieht man, dass sie tatsächlich ganz normale Menschen sind, wie alle anderen Deutschen auch. Wurde aber auch Zeit.

In welchem Land leben wir?

Serpil hatte in ihrem Viertel viele Freunde. Mehr noch, sie waren eine richtige Clique und trafen sich fast jeden Tag nach der Schule an ihrem Stammplatz, in der Nähe der Wohnhäuser.

Alle, die schon länger hier wohnten und sich kannten, kamen dort hin und manchmal brachten sie auch den kleinen Bruder mit oder einen Freund oder eine Freundin, die zu Besuch gekommen waren.

Eines Tages zog eine neue Familie ins Viertel. Die drei großen Kinder halfen ihren Eltern beim Tragen der Möbel. In der Clique rätselten alle, wer sie wohl seien und woher sie kämen. Erst nach ein paar Tagen wurde ihre Neugier gestillt, als der Älteste der drei Geschwister zur Clique kam und sich vorstellte.

Sie kämen von weit her, weil der Vater eine neue Arbeit in der Stadt gefunden habe, und die Geschwister würden bald dort zur Schule gehen, erzählte der Neue. Danach kam er nur noch selten zu den anderen. Dafür aber standen die beiden jüngeren, ein Mädchen und ein Junge, oft vor der Haustür und beobachteten die anderen.

Eines Tages fragte Serpils Mutter sie: »Warum redet ihr eigentlich nicht mit den neuen Kindern?«

Serpil zuckte die Achseln: »Wir kennen sie doch nicht, Mama, sie kommen ja nicht zu uns!«

»Na, die trauen sich wahrscheinlich nicht. Ihr könnt sie doch nicht immer so alleine da stehen lassen«, sagte ihre Mutter. *Onları da aranıza alın*, nehmt sie bei euch auf! Sie sind doch fremd hier, sie kennen sich nicht aus. Das ist euer Viertel, ihr müsst ihnen zeigen, dass ihr sie bei euch haben wollt. Fragt sie, wer sie sind und warum sie hergezogen sind, zeigt ihnen, wo der Supermarkt ist und wo die die Gärten sind, erzählt ihnen, wer in welchem Haus wohnt, und dann fragt sie, was ihre Eltern machen, und so lernt ihr euch kennen.« Serpils Mutter war eine kluge Frau, die bei vielen Menschen beliebt war und viel von guten Beziehungen verstand.

Serpil wollte beim nächsten Mal ihren Rat befolgen und erzählte es ihrer Clique. Da die meisten auch neugierig auf die Neuen waren, fanden sie die Idee gut, und als Serpil eines Tages zusammen mit einer Freundin zu den beiden Geschwistern hinüberging, da winkten ihnen die anderen zu und riefen, sie sollten doch herkommen. Die beiden schienen nur darauf gewartet zu haben. Von nun an gehörten sie zur Clique. Sie freundeten sich an und es war selbstverständlich, dass die anderen ihnen helfen würden, sich in ihrem Viertel zurechtzufinden.

Auch wenn es vielleicht im ersten Augenblick nicht auffällt: Das, was Serpil und ihre Clique getan hatten, das nennt man Integration. Es bedeutet, dass eine Gruppe neue Mitglieder aufnimmt und ihnen dabei hilft, dazuzugehören. Das Gleiche machen Fußballmannschaften, wenn sie einen neuen Spieler bekommen, oder Familien, wenn sie Kinder adoptieren, und auch ganze Länder müssen das tun, wenn sie neue Bürger aufnehmen.

Die Alteingesessenen nehmen die Neuankömmlinge auf, indem sie ihnen nicht nur ihre Türen, sondern auch ihre Herzen öffnen. Denn wenn sie ihnen zeigen würden, dass sie sie nicht mögen, dann hätten die Neuen niemals eine Chance. Ein Fußballspieler, der neu in eine Mannschaft kommt, kann niemals gut mitspielen, wenn die anderen Spieler ihn ausgrenzen. Was könnte schon ein einzelner Spieler gegen eine ganze Mannschaft tun?

Die Neuankömmlinge brauchen auch deswegen die Hilfe und Unterstützung »der Clique«, weil sie selbst sich nicht auskennen, weil sie nicht wissen, wie das Leben vor Ort abläuft, wie die Spielregeln sind, wie sie was zu erledigen haben oder wie sie sich wo verhalten müssen, um erfolgreich zu sein.

Deshalb besteht Integration zunächst aus einer Reihe von Aufgaben, die eine Gruppe, eine Mehrheit oder ein System erfüllen muss, um den Einzelnen oder die Minderheit aufzunehmen und sie zum Bestandteil des großen Ganzen zu machen. Das bedeutet Integration im eigentlichen Sinn. Für Cliquen genauso wie für Familien oder Fußballvereine oder Staaten.

In Deutschland entsteht erst allmählich eine solche Integrationspolitik, da unsere Politiker erst vor wenigen Jahren begonnen haben, sich darüber Gedanken zu machen, wie sie mit zugewanderten, neuen Bürgern umgehen wollen. In der Vergangenheit haben Politiker, wenn es um eine Regelung der Einwanderung ging, gern steif und fest behauptet, dass Deutschland kein Einwanderungsland sei. So konnte es auch keine Einwanderer geben, sondern nur Ausländer und Gastarbeiter, und die würden nicht lange bleiben, sondern bald wieder gehen. Dementsprechend brauchte man auch keine Integrationspolitik. Wie anders die Sache in Wirklichkeit aussah, gestehen Politiker heute ein.

Seit den 1950er Jahren waren mit den Arbeitern aus Italien, Griechenland, der Türkei und anderen Ländern Menschen gekommen und zu Einwanderern geworden. Die Kirchenzeitung des Erzbistums Köln schrieb bereits 1963, dass diese Menschen hier Wurzeln schlagen würden, dass sie Kinder bekommen und ihre Familien zu sich holen und dass sie sesshaft und somit zu Einwanderern werden würden. Aber damals wollten das die Politiker nicht sehen.

Die Begriffe sorgen noch immer für viel Verwirrung, und noch immer ist die Situation nicht eindeutig und vor allem nicht so einfach. Ein Einwanderungsland im klassischen Sinne ist Deutschland nicht. Auch hört man hierzulande oft die Forderung, dass Ausländer »sich integrieren« sollten und merkt nicht, dass das so im Grunde unmöglich ist beziehungsweise dass damit etwas ganz anderes gemeint ist als das, was Integration an sich bedeutet.

Der Neue soll sich an die anderen anpassen. Aber wie sehr? So sehr, dass er möglichst unauffällig ist und sich nicht mehr von den anderen unterscheidet? Wenn alle in der Gruppe die gleiche Kleidung tragen, dann sollte das der Neue sicherlich auch tun. Das ist sinnvoll, zum Beispiel in einer Fußballmannschaft während des Training und natürlich beim Spiel. Aber sonst? Und was ist, wenn alle unterschiedliche Kleidung tragen – nach wem muss sich der Neue dann richten? Darf er einen eigenen Geschmack haben und etwas völlig anderes tragen? Oder muss er seine eigenen Gewohnheiten ablegen und jeden Handgriff so tun wie alle anderen? Wie weit muss diese Gleichheit gehen? Wenn er sich die gleichen Klamotten angeschafft hat und die gleichen Schuhe trägt, muss er auch das gleiche Essen essen, die gleichen Dinge mögen und sich am Ende auch die Haare in der gleichen Farbe färben? Die wichtigste Frage aber ist: Sind alle anderen wirklich alle gleich?

Diese Fragen muss man klären, wenn man über Integration spricht, und Staaten, die bekannt für eine offenere Intergrationspolitik sind wie etwa die USA, gehen mit diesen Fragen der Gleichheit lockerer um. Sie gestehen den Einzelnen viel Freiraum zu und akzeptieren sie trotzdem als zur Gruppe gehörig. Mehr noch, sie sehen die Unterschiede sogar als Gewinn. In England gibt es zum Beispiel Polizisten, die Turbane oder Kopftücher tragen, weil sie eingewanderte Sikhs oder Muslime sind, in Deutschland ist das nicht möglich.

Es gibt weltweit etwa 150 Millionen Menschen, die ausgewandert sind oder dabei sind, dies zu tun, und die nicht mehr in dem Land leben, in dem sie geboren wurden. Es gibt praktisch kein Land auf der Erde, das keine Einwanderer aufnimmt (mit Ausnahme einiger kleiner, restriktiver Staaten). Im Gegenteil: Fast jedes Land braucht Einwanderer, vor allem die europäischen Länder, in denen die Geburtenzahlen seit Jahren stagnieren oder sogar rückläufig sind. Je besser es den Ländern wirtschaftlich geht, desto mehr Menschen fühlen sich zu ihnen hingezogen, um dort ihr Glück zu versuchen. In Länder wie den USA oder Kanada, die einen hohen Lebensstandard bieten und viele Möglichkeiten, sein Glück zu finden, zieht es vor allem die Wohlhabenden und Erfolgreichen – so wie manche unserer deutschen Schauspieler, Talkmaster oder Sportler. Andere Länder, wie Frankreich oder Deutschland, stehen nicht unbedingt in dem Ruf, dass das Leben dort besonders schillernd sei und man als Fremder sehr willkommen wäre. Trotzdem ziehen auch sie viele Menschen an, nur weniger die Reichen und Berühmten als vielmehr jene, denen es meist nicht so gutgeht und die nicht viele Alternativen im Leben haben.

Allein in den vergangenen Jahrhunderten sind fast fünf Millionen Deutsche nach Amerika ausgewandert, und noch heute lassen sich jedes Jahr Zigtausende Deutsche in Ländern wie Spanien, Italien oder der Türkei nieder, meistens dort, wo die Sonne und die Strände am schönsten sind. Auch sie müssen von den Ländern und den Menschen dort aufgenommen und integriert werden. Es wäre unerträglich für sie, wenn die Einheimischen ihnen ständig zeigen würden, dass sie sie nicht bei sich haben wollen. Doch wer glaubt, alle Deutschen würden sich als Auswanderer in anderen Ländern tadellos und unauffällig benehmen, sofort die Landessprache erlernen und völlig in der dortigen Kultur aufgehen, der irrt sich gründlich. Viele Deutsche in Amerika zum Beispiel pflegen noch heute Bräuche, feiern Oktoberfest und tragen Dirndl.

Man braucht sich nur die Auswanderersendungen im Fernsehen anzuschauen, um zu erkennen, dass dies wohl eine reine Wunschvorstellung ist. Hier kann man mit eigenen Augen sehen, wie deutsche Auswanderer häufig nicht einmal die einfachsten Sätze auf Englisch beherrschen, wie sie darauf bestehen, dass ihre Kinder in der Fremde ihr Deutsch nicht verlernen oder sehnsüchtig in den Restaurants der Stadt Schweinshaxen suchen. In der Türkei zum Beispiel sind die Villensiedlungen der deutschen Rentner berühmt-berüchtigt, in denen sie dort in kleinen deutschen Enklaven leben, wo sie ihren deutschen Metzger und deutschen Bäcker haben und ganz unter sich sind, etwa so, wie man es den Türken in Deutschland allgemein vorhält.

Vieles sieht nun einmal ganz anders aus, wenn man es plötzlich von der anderen Seite betrachtet. Versetzen wir uns in die Lage der deutschen Auswanderer, so können wir mit einem Mal besser nachvollziehen, dass auch sie in der Fremde an ihren heimischen Gewohnheiten festhalten möchten – womöglich sogar mehr, als sie dies in Deutschland getan hätten und irgendwie ist das auch verständlich. Aber manche Menschen hier wünschen sich, dass Einwanderer in Deutschland sich eben genau anders verhalten, dass sie unauffällig und angepasst, »verdeutscht« oder vielleicht sogar noch deutscher als die Deutschen selbst sind. Erst dann, so denken sie, wären sie integriert.

Was also muss der Einzelne tun, um dazuzugehören? Muss ein Fußballspieler nicht die Regeln des Spiels beachten, so wie man die Gesetze eines Landes beachten muss? Oder muss ein Adoptivkind nicht bereit sein, die Eltern auch als Eltern anzuerkennen? Sicherlich, das ist schließlich die Voraussetzung dafür, dass man überhaupt zusammenkommen kann. Aber wie viel darf man von dem Neuankömmling erwarten? Muss ein Fußballspieler unbedingt perfekt Deutsch können, um in der Mannschaft mitspielen zu können, oder reicht auch ein einfaches Deutsch zur Verständigung? Hängt das nicht auch davon ab, wie gut er spielt, wie gut er sich auch ohne die richtigen Wörter ausdrücken kann, und vor allem, wie gern man ihn in der Mannschaft haben möchte? Und was ist, wenn dem Neuen jahrelang niemand geholfen hat, dazuzugehören und er folglich immer noch Schwierigkeiten mit bestimmten Dingen hat – kann man ihm dann vorwerfen, er habe versagt? Muss die

Mehrheit, die stärkere Seite nicht den Anfang machen? Dann kann sie auch mit Recht fordern, dass der andere mitmacht.

Viele türkischstämmige Menschen in Deutschland haben das Gefühl, dass die Deutschen sie gar nicht haben wollen, egal wie angepasst oder erfolgreich oder integriert sie sind. Das ist nicht ganz unbegründet, denn dadurch, dass Deutschland jahrzehntelang kein Einwanderungsland sein wollte und keine Integrationspolitik betrieben hat, haben sich sehr viele Benachteiligungen summiert, die man nicht gleich auf den ersten Blick erkennt, aber die die Einzelnen noch immer zu spüren bekommen können. Lange Zeit wurden zum Beispiel für die Gastarbeiter und ihre Familien keine Sprachkurse angeboten, weil man glaubte, sie würden ohnehin bald wieder gehen. Heute aber wird ihnen vorgeworfen, dass sie die schwere, deutsche Sprache nicht beherrschen. Unter der türkischstämmigen Bevölkerung in Deutschland ist die Arbeitslosigkeit fast doppelt so hoch wie unter der deutschen, und etwa ein Drittel von ihnen lebt an der hierzulande gültigen Armutsgrenze. Die Ursachen dafür liegen vor allem auch in der jahrzehntelang falschen Politik.

Dadurch, dass die Türkei nicht zur EU gehört und Türken politisch anders behandelt werden als andere, europäische Zuwanderer, haben sie diesen gegenüber einige Nachteile. Sie können keine doppelte Staatsbürgerschaft haben, dürfen keinen einzigen Tag länger als sechs Monate das Land verlassen, da sie sonst nicht mehr nach Deutschland einreisen dürften, auch wenn sie hier geboren wurden oder schon jahrzehntelang hier leben. Sie dürfen sich praktisch nicht mehr in der Türkei verlieben, weil sie den Partner nicht zu sich holen können, wenn dieser kein Deutsch kann. Sie dürfen den Bürgermeister der Stadt, in der sie leben, nicht wählen, geschweige denn die Bundesregierung.

Rechtlich mag das alles völlig korrekt sein, aber für jemanden, der sein ganzes Leben diesem Land geschenkt hat, wie man so schön sagt, fühlt es sich sehr ungerecht an. Genauso ungerecht, wie wenn man als anständiger Bürger die deutsche Staatsbürgerschaft nicht selbstverständlich bekommt, weil man hier seit Jahren lebt oder sogar hier geboren wurde, sondern erst einen Test machen muss, um feststellen zu lassen, ob man überhaupt dafür geeignet ist, dazuzugehören. Jetzt auch noch das? Türkische Vereine und Organisationen engagieren sich schon seit vielen Jahren in diesen Dingen gemeinsam mit Deutschen, die an der Situation etwas ändern wollen, und einiges hat sich ja bereits auch zum Positiven verändert.

Ein türkisches Sprichwort sagt: Wenn jemand nicht will, dann könne man ihm mit dem Mund einen fliegenden Vogel in der Luft fangen, er würde einen trotzdem nicht mögen. Auch die größte Leistung wäre also niemals gut genug.

Die deutschen Politiker wollten jahrzehntelang nicht wahrhaben, was für ein Land Deutschland geworden ist, und sie haben diese Zeit für die Integration der eingewanderten Menschen verschenkt. Wenigstens jetzt sollte die Politik anfangen, sich zu fragen, wie viele Leben diese Menschen hier leben müssen und wie viele fliegende Vögel sie aus der Luft fangen müssen, damit man sie als ihresgleichen akzeptiert.

Denn es gibt ein neues Phänomen, das für Deutschland doch sehr nachteilig ist. Viele junge Leute aus türkischen Familien, die zum Teil hier geboren wurden, sich bestens eingelebt haben, die gut ausgebildet sind, viele Sprachen sprechen und in vielen Ländern begehrt wären, wandern aus Deutschland aus, zurück ins Land ihrer Eltern. Jedes Jahr sind es mindestens 5 000, und über 30 Prozent der jungen Türken würden gerne gehen, wenn sie könnten. Vor allem sind es Akademiker. Sie haben keine Lust mehr, in Deutschland komisch angeschaut oder nicht respektiert zu werden, sich ständig die gleichen Vorurteile anzuhören oder benachteiligt zu werden.

Serpil und die Neuen in ihrer Clique hatten es jedenfalls nach einer Weile gut geschafft, mit den Neuen zu »verwachsen«, wie man es auf Türkisch nennt. *Kaynaşmak* sagt man dazu, was bedeutet, dass man trotz aller Unterschiede zusammengehört. So schwer kann es also doch nicht sein.

Alles Loser?

Jedes Mädchen braucht eine allerliebste Freundin. Mit ihr kann man tuscheln und tratschen, kann spielen, Geheimnisse austauschen und stundenlang zusammen sein, ohne sich zu langweilen. Sie sitzen in der Klasse zusammen oder treffen sich in der Pause oder nach der Schule. Sie machen zusammen Hausaufgaben und helfen sich gegenseitig, sie nehmen einander in Schutz und stehen sich immer bei, was auch passiert.

Zwei solche allerliebste Freundinnen habe ich einmal kennen gelernt, als sie auseinandergerissen werden sollten. Die Mädchen kam beide aus türkischen Familien und wohnten im selben Viertel. Eines Tages kam der Vater des einen Mädchens zusammen mit den beiden zu mir. Die Leute in der Nachbarschaft wissen, dass ich gerne helfe, wenn ich kann. So wollten die drei mich um Rat fragen, weil sie ein großes Problem hatten und sich im Schulsystem nicht so gut auskannten.

Die Mädchen waren aufgeweckt und nicht auf den Mund gefallen. Ihre Eltern kümmerten sich sehr um sie und ihre Geschwister, so wie das die meisten Eltern tun. Die eine der beiden, die nun in Begleitung ihres Vaters vor mir saß, sollte sogar

Rechtsanwältin oder Politikerin werden, wenn es nach ihm gegangen wäre. So ehrgeizige Wünsche hatte er für sie. Die Tochter wurde nach besten Kräften gefördert, und dabei waren die Eltern einfache Leute: Hausfrau die Mutter, Handwerker der Vater.

Als sie an diesem Tag zu mir kamen, waren alle drei sehr aufgeregt. Eines der Mädchen weinte fast und der Vater war voller Wut: Zum Ende dieses Schuljahres, der vierten Klasse, sollte das Mädchen nach Empfehlung der Klassenlehrerin auf die Sonderschule.

»Ich will da nicht hin«, weinte sie, »meine Freundin geht auch nicht da hin. Ich will auf die gleiche Schule gehen wie sie.« Die Freundin hatte eine Empfehlung fürs Gymnasium.

»*Nasıl olur?* Wie kann das sein? Das geht doch nicht!«, sagte der Vater verzweifelt. »Warum soll sie auf die Sonderschule? Meine Tochter ist doch nicht krank. Nur weil sie vielleicht nicht so gut Deutsch sprechen kann, ist sie doch nicht dumm. Die Sprache kann sie doch lernen. Aber was soll sie auf dieser Schule? Sie macht immer ihre Hausaufgaben, sie ist fleißig und sie hat auch keine schlechten Freunde, wir kümmern uns doch um sie.«

So sah ich das auch und ermunterte den Vater, sich beim Rektor zu beschweren. Sollte das nichts helfen, dann käme ich gerne zum Schulamt mit, wenn es nötig sei, sagte ich.

Mit der Tochter an der Hand diskutierte der Vater mit Lehrern und Rektoren, ging zum Schulamt und zu Beratern, aber alle Mühe nützte nichts. Unter Tränen wurde seine Tochter auf der Sonderschule eingeschult. Ohne ihre Freundin. Die Begründung der Lehrer war, dass sie nicht gut genug Deutsch könne und sie befürchteten, dass sie es auf einer anderen Schule nicht schaffen würde.

Aber das eigentlich Erstaunliche war, dass sie nicht das einzige türkische Kind in der Nachbarschaft war, das mit dieser »Empfehlung« auf die Sonderschule geschickt wurde. Es gab noch eine ganze Reihe anderer Kinder. Nur waren nicht alle Eltern so engagiert wie der Vater dieses Mädchens. Manche sagten, sie könnten ja sowieso nichts dagegen tun, manche meinten, die Lehrer wüssten schon, was das Richtige für die Kinder sei, und einige dachten, Schule sei schließlich Schule, egal welche. Unter den Nachbarn kursierte allerdings auch das Gerücht, dass die vielen Sonderschulüberweisungen einen ganz anderen Grund hätten. Angeblich drohte diese Schule wegen Schülermangels geschlossen zu werden. Um dies zu verhindern, wurden nun angeblich mehr türkische Kinder dorthin geschickt. Beweisen konnte das natürlich niemand, aber ganz falsch war ihre Vermutung womöglich nicht. Ein solches Vorgehen gibt es laut Schulexperten tatsächlich, wenn auch nicht unbedingt mit direkter Absicht, sondern unbewusst.

Die Freundin des Mädchens fühlte sich auf dem Gymnasium sehr wohl. Ihre Eltern waren Ärzte und sie hatte wirklich gute Noten, aber nicht jedes Kind hat schließlich das Glück, in eine Familie hineingeboren zu sein, in der genug Geld für Nachhilfe da ist, in der die Eltern mehr helfen können, weil sie selbst über mehr Wissen und Bildung verfügen, oder die so angesehen sind bei den Lehrern, dass diese ihrem Kind viel mehr zutrauen als anderen.

Einige Forscher haben die Leistungen von Schülern und Schulen in vielen Ländern untersucht und verglichen. Dabei stellte sich heraus, dass nirgendwo in Europa Kinder aus ärmeren Familien, aus Familien von Zuwanderern und Kinder mit Behinderungen so sehr benachteiligt werden wie in Deutschland. »Institutionelle Diskriminierung« nennen das die Experten, eine Diskriminierung also, die von behördlicher oder institutioneller Seite, zum Beispiel eben vonseiten der Schule, geschieht.

Ihre Untersuchungen, die berüchtigten PISA-Studien, haben gezeigt, dass nirgendwo die Zukunft eines Kindes so sehr von seiner Herkunft abhängt wie bei uns. Während es in Ländern wie Schweden oder Norwegen relativ egal ist, wer die Eltern der Kinder sind, alle gleich gut gefördert werden und gleich gute Chancen haben, erfolgreich zu sein, hängt es in Deutschland vor allem vom familiären Hintergrund ab, von der beruflichen und gesellschaftlichen Stellung der Eltern. Dies führt zu großer Ungerechtigkeit.

Deutsche Kinder und Jugendliche sind hiervon ganz genauso betroffen wie ausländische. Das bestätigte auch ein UNO-Inspektor, der die deutschen Schulen genauer untersuchte und die Kultusminister und das deutsche Schulsystem mit seinen drei Schularten hart kritisiert hat. Manche bezeichnen die Situation sogar als katastrophal und fordern die Zuständigen in den Ministerien auf, dringend etwas am System zu ändern. Doch das wird so bald nicht geschehen.

Viele Lehrer und Verantwortliche trauen bewusst oder auch unbewusst Kindern aus wohlhabenden Familien mehr zu als solchen aus durchschnittlichen oder ärmeren Familien. Ebenso bewusst oder unbewusst trauen sie deutschen Schülern mehr zu als ausländischen, also auch als türkischen Kindern. Man nennt das auch »defizitäre Sichtweise«, das heißt, es werden oft nur die Schwächen wahrgenommen, nicht aber die Stärken.

Einmal habe ich eine Reportage an einer Hauptschule gemacht. Dort sagte ein sehr netter, deutscher Lehrer zu mir, fast die Hälfte seiner Klasse seien ausländische Schüler, und das sei schrecklich. Seine Aussage schockierte mich, und ich fragte ihn: »Warum sollen wir denn schrecklich sein?«

Daraufhin beteuerte er, dass er das so ja gar nicht gemeint habe.

»Aber so hört es sich an«, sagte ich zu ihm. »Stellen Sie sich mal vor, wie sich die Schüler fühlen müssen, wenn alle ihre Lehrer sie als schrecklich bezeichnen, noch bevor sie sie überhaupt kennen.«

Ich hatte die Kinder in der Klasse interviewt – sie waren, soweit ich das sehen konnte, völlig normal, frech und fröhlich, so wie alle anderen. Andere deutsche Lehrer sahen das genauso. Sie unterrichteten gerne in der Klasse und glaubten, dass eher manche Kollegen die Problemfälle seien und nicht die Schülerinnen und Schüler. Diesen Eindruck hatte ich auch. Ich fragte mich, ob manche Lehrer nicht schlicht überfordert seien, wenn sie darauf eingestellt waren, deutsche Durchschnittsschüler zu unterrichten und stattdessen kunterbunte Klassen vor sich hatten. In ihrer Ausbildung würden sie darauf nicht vorbereitet, sagte der Lehrer mit dem »Ausländerschreck«.

Ich gab ihm den Tipp, die ganze Situation doch einmal positiv zu sehen. Schließlich sei es ein echter Glücksfall für die Schulen, dass es so viele Schülerinnen und Schüler mit ausländischer Abstammung gäbe. Sonst müssten die Schulen längst geschlossen werden und die Lehrer wären arbeitslos, schließlich bekommen die Deutschen immer weniger Kinder.

Natürlich ist das nicht der wichtigste Grund. Vielmehr ist es eine sehr große Bereicherung, für jeden Menschen, überall auf der Welt, wenn er mit Menschen zusammentreffen kann, die anders erzogen wurden, andere Sprachen sprechen oder einen anderen Glauben haben. Je früher im Leben solche Begegnungen stattfinden, umso besser. Mir fällt zum Beispiel immer wieder auf, dass Deutsche, die ausländische Freunde haben, viel lockerer, entspannter und toleranter sind als jene, die nur mit Menschen zu tun haben, die so sind wie sie selbst. Und das gilt nicht nur für Deutsche, für alle anderen auch. Durch die Unterschiede kann man viel voneinander lernen, und die, die das wollen, tun es auch.

In der Fachsprache nennt man das »Diversity«, also Vielfalt. Die Manager großer Firmen wissen um den Wert von Mitarbeitern, die flexibel im Umgang mit anderen sind. Während man früher Jugendliche für viel Geld ins Ausland schicken musste, damit sie fremde Kulturen kennen lernen, können sie das heute tagtäglich in der Schule und in der Nachbarschaft tun.

Motivation und Zuspruch sind sehr wichtig für junge Menschen, doch gerade daran fehlt es türkischen Kindern und Jugendlichen sehr oft, wenn ihnen weniger zugetraut wird, wenn ihre Stärken nicht anerkannt werden oder sie ständig als Problem gesehen werden. Ist es ein Wunder, wenn sie dann nicht vorwärtskommen? Wenn die Eltern keine Kämpfernaturen sind oder sie keine Geschwister oder sonstige Personen haben, die ihnen helfen können, müssen sich oft alleine durchbeißen. Sie brechen dann vielleicht die Schule ab, obwohl sie einen guten Beruf hätten erlernen können, oder sie fangen gar nicht erst an, einen Ausbildungsplatz zu suchen, obwohl es so viele Berufe für sie gäbe.

Natürlich gibt es auch Eltern, die sich um die schulischen Leistungen und die Zukunft ihrer Kinder nicht kümmern. Solche verantwortungslosen Menschen gibt es unter Türken leider genauso wie unter Deutschen oder anderen.

Die Missverständnisse und Vorurteile, was das vermeintlich schlechte Image von Jugendlichen aus türkischen und anderen Zuwandererfamilien angeht, hören aber nicht mit dem Ende der Schulzeit auf, sondern gehen danach weiter.

So wurde zum Beispiel festgestellt, dass Bewerbungen auf Ausbildungsplätze und Arbeitsstellen fast doppelt so oft abgelehnt werden, wenn der Bewerber keinen deutschen Namen hat. Viele von ihnen landen schließlich frustriert in Berufen, die sie vielleicht gar nicht wollen, nur weil sie dort endlich nach zahlreichen Absagen eine Stelle bekommen haben. Viele reagieren auf die gefühlten Ungerechtigkeiten aggressiv und bedienen damit genau die Vorurteile, die man ihnen oft zuschreibt. Diese »selbsterfüllende Prophezeiung« frustriert wiederum jüngere Schüler und Lehrer, die diese Entwicklung miterleben. Die Spirale dreht sich weiter.

Die PISA-Studien haben gezeigt, dass nicht nur Zuwanderer, sondern auch deutsche Schülerinnen und Schüler aus bestimmten Bevölkerungsschichten benachteiligt werden. Viel wird derzeit darüber diskutiert, ob zum Beispiel die Hauptschulen abgeschafft werden sollen, damit jedes Kind, egal ob arm oder reich, ob Ausländer oder Deutscher, die gleichen Chancen für eine gute Ausbildung bekommt. Aber diejenigen, die darüber zu entscheiden haben, halten bislang noch hartnäckig am alten Modell fest, sodass sich auf absehbare Zeit wohl nichts an deutschen Schulen ändern wird.

Das kleine Mädchen, das mich damals mit ihrem Vater besucht hatte, ist inzwischen erwachsen geworden. Sie hat nach der Sonderschule noch einige Jahre lang Abendschulen besucht, dann das Abitur nachgemacht und später studiert. Sie ist heute Ärztin. Eine fast unglaubliche Karriere, die sie mit doppelter und dreifacher Anstrengung leisten musste und die längst kein Einzelfall ist, ich kenne noch einige andere wie sie.

Das Misstrauen, das sie als kleines Mädchen erfahren hat, erlebe sie immer noch, sagt sie. Manchmal würden deutsche Patienten sie aus dem Zimmer schicken, um die Ärztin zu rufen, weil sie nicht glauben wollen, dass sie selbst die Ärztin ist.

»Sie sehen gar nicht so aus«, würde man ihr oft sagen, oder: »Wie können Sie Ärztin sein, sind Sie nicht Türkin?«

Es sei mühsam, dass sie sich dann jedes Mal von neuem Respekt verschaffen müsse, und mitunter müsse sie an sich halten, solchen Patienten die Spritze nicht mit besonderem Genuss ins Hinterteil zu pieksen.

Teil 5
Sen ve ben, du und ich
Wie wir alle »verschmelzen«

Hiphop for Germany

Als ich einmal in Istanbul auf einer Geburtstagsparty war, da erklangen neben türkischer Pop- und anatolischer Rockmusik plötzlich auch deutsche Töne. Ich war überrascht. Donnerwetter, dachte ich, hat es die deutsche Musik bis in die Türkei geschafft? In dem Getümmel der schwatzenden Menge spitzte ich die Ohren und erlebte gleich die zweite Überraschung. Es war nicht irgendeine Musik, sondern deutscher Hiphop, genauer gesagt, deutscher türkischer Hiphop. Denn manchmal wurde auch auf Türkisch gerappt, und solche Stücke wurden an diesem Abend noch öfter gespielt. Für alle Anwesenden war es offenbar völlig normale Musik.

Als ich später auf die Partymeile von Beyoglu ging, dem ultimativen Amüsierviertel von Istanbul, da tönten mir aus den vielen Clubs noch öfter diese Beats entgegen. Ich fand das richtig cool und hätte vor Stolz am liebsten die Leute angesprochen und gesagt: »Hört ihr? Das ist deutscher Hiphop, das ist unsere Musik aus Deutschland.«

Populär geworden ist der Hiphop in Deutschland zu Beginn der 1990er Jahre mit den Fantastischen Vier. Aber lange bevor sie in die Charts kamen, haben Kinder aus türkischen Familien in den Städten gerappt und ihren Breakdance gemacht. In den Jugendzentren, auf den Straßen, in Probenkellern und in Wohnungen hörten türkische Jungs und ihre Freunde aus anderen Ländern die Musik der Schwarzen und Latinos aus Amerika und begannen schließlich selbst, sie weiterzuentwickeln – zu einer Zeit, als auch amerikanische Soldaten, die in Deutschland stationiert waren, diese Musik aus ihrer Heimat hörten.

Der Hiphop in den USA entstand im Laufe der 1970er Jahre. Es war eine Zeit, in der die Schwarzen dort noch sehr benachteiligt wurden und unter Rassismus und Diskriminierung litten. Die Musik war für sie wie ein Ventil, mit dem sie ihren Frust ablassen konnten, es war ihre Art, untereinander zu kommunizieren. Später fingen auch die Weißen an, diese Musik zu mögen, und so wurde der Hiphop immer erfolgreicher. Es dauerte keine zehn Jahre, bis die Musik auch nach Deutschland kam. Hier wurde sie ab Mitte der 1980er Jahre vor allem von den türkischen Jugendlichen gehört. Vielen konnten sich gut damit identifizieren, weil auch sie von der Gesellschaft oft als Außenseiter gesehen wurden.

Die türkischen Eltern wunderten sich damals über den komischen neuen Tanzstil, bei dem ihre Kinder (und vor allem die Söhne) komische Verrenkungen und Verdrehungen machten. Wenn die Familien gemütlich zusammensaßen, dann wurde manchmal der Sohn gerufen, der vielleicht noch keine zehn Jahre alt war, damit er seinen Tanz vorführte und sich auf dem Kopf drehte. Der warf dann stolz seine Anlage an und amüsierte sein Publikum.

Das Rappen war am Anfang noch eine Sache für sich. Hiphop war nur dann original, wenn es englisch war. Aber langsam wurden auch deutsche Worte verwendet, wie es die Rapper von »Advanced Chemistry« offiziell erst 1992 machten. Vorher schon rappten die Jungs von »Fresh Familee« aus Ratingen ihre Gedanken ins Mikrophon. Es waren türkische und deutsche Jugendliche, die in ihren Lieder aus ihrem Leben erzählten, und das war nicht leicht in einem Stadtteil, in dem viele Leute arbeitslos waren und nur wenig Geld hatten. So hörte man in dem Lied »Ahmet Gündüz« plötzlich einen türkischen Vater rappen. Natürlich war es kein echter Vater, sondern der Sänger Tahir Cevik, der in dem Lied einen türkischen Vater, der als Gastarbeiter nach Deutschland kam, erzählen ließ:

> »Mein Name ist Ahmet Gündüz, lass mich erzählen euch.
> Du musst schon gut zuhören, ich kann nicht sehr viel Deutsch.
> Ich komm von die Türkei, zwei Jahre her
> und ich viel gefreut, doch Leben hier ist schwer.
> In Arbeit Chef mir sagen: Kanacke, hey wie geht's.
> Ich sage: *Hastırlan;* doch Arschloch nix verstehn.
> Mein Sohn gehen Schule, kann schreiben jetzt,
> doch Lehrer ist ein Schwein, er gibt ihm immer Sechs.«

Dieses Lied wurde 1990 veröffentlicht und es gefiel den türkischen Jugendlichen, weil es genau die Frustation ausdrückte, die sie selbst seit vielen Jahren empfanden, und die gleichen Gedanken ausdrückte, die sie bewegten. Heute ist das Lied Kult und wird auf vielen Partys gerne gespielt.

Der Hiphop verbreitete sich immer mehr und wurde berühmter, aber die türkischen Rapper wurden es nicht. Wahrscheinlich hat die deutsche Musikindustrie, die lieber mit den Fanta4 das große Geld verdienen wollte, den türkischen Jungs und Mädels aus Berlin oder Hannover oder Ratingen nicht zugetraut, dass sie auch ein Massenpublikum begeistern könnten. Diese jungen Musiker erzählten immer wieder in Gesprächen, wie schwer es für sie sei, Plattenverträge oder Sponsoren zu bekommen. Zu Unrecht, wie heute erfolgreiche Rapper beweisen, die ihre Wurzeln in der Türkei oder in anderen Ländern haben.

Damals bekam das auch die deutsche Öffentlichkeit allmählich mit, als sich ein Phänomen abzuzeichnen begann, das heute fast jedes türkische Kind kennt. Einige Rapper aus verschiedenen Orten in Deutschland hatten sich zusammengetan, um sich den Frust von der türkischen Seele zu rappen. Sie nannten sich Cartel. »Die Nummer eins, die verrückten Türken, die aus der Hölle kommen«, so haben sie es gesungen. Nicht nur in Deutschland gaben sie Konzerte, sondern auch in der Türkei, wo sie ganze Stadien füllten und berühmter als Michael Jackson waren. Die türkischen Rapper aus Deutschland wurden umjubelt wie Weltstars. Sie brachten nicht nur den Hiphop in die Türkei, die bis dahin von Popmusik überflutet war. Hiphop dagegen war so gut wie unbekannt. Ihre Musik erinnerte die Menschen in der Türkei daran, dass weit weg in Deutschland Jugendliche lebten, die frustriert gewesen waren und nun ein neues Selbstbewusstsein gefunden hatten. Mit ihrem Türkisch, das nicht so ganz perfekt war, und ihren Klamotten, die die meisten Türken ziemlich unschick fanden, brachten sie einen ganz neuen Wind in die türkische Musiklandschaft.

Ein Wind, der dort bis heute weht. Während Deutschland den Hiphop aus Amerika importiert hat und die türkischen Rapper in Deutschland dabei eine wichtige Rolle gespielt haben, importierte die Türkei diese Musik aus Deutschland, und zwar wieder von den gleichen Leuten. Heute ist der Hiphop in der Türkei von den Deutschlandtürken unabhängig, und die türkischen Rapper im deutschen Musikgeschäft sind längst im Mainstream angekommen und machen ihre Musik vor allem für deutsche Fans.

Abschiedsküsse und Knofikult

Neulich ging ich in Berlin spazieren. Es war einer der Tage, an denen die Sonne gute Laune hat und diese mit den Menschen teilt. Es war am Prenzlauer Berg, dort wo die jungen Deutschen wohnen, die einen Sinn für die Leichtigkeit des Lebens haben und für Menschen mit anderer Hautfarbe. Als ich durch die Straßen schlenderte, vorbei an jungen Muttis mit Kinderwagen und Papis mit Kapuzenshirt, vorbei an indischen und asiatischen und türkischen Imbissbuden und vorbei an Schickimicki-Boutiquen, da sah ich auf einmal einen jungen Mann, der mich etwas irritierte. Ich schaute ihn an und dachte: »Komisch. Mit dem stimmt doch was nicht?« Aber ich konnte nicht erkennen, was es war, und so lief ich weiter und setzte mich in ein Straßencafe, von wo aus ich einen guten Blick auf das Treiben hatte. Ich bestellte mir einen Cappuccino, lehnte mich zurück und beobachtete das friedliche Viertelleben.

Da sah ich den Mann von vorhin wieder. Er trug eine Jeansjacke und eine Cargohose, Turnschuhe und T-Shirt und war vielleicht 19 oder 20 Jahre alt. Er lehnte sich mit dem Rücken an eine Hauswand und hielt in der Hand eine kleine Tüte, aus der er offenbar irgendetwas knabberte. Zwischendurch warf er etwas auf den Boden. Ich schaute genauer hin und dachte nur: »Das gibt's ja nicht.« Denn was er knabberte, war sehr speziell. Der Mann – eindeutig ein Deutscher – hielt in der Hand eine Tüte mit Kürbiskernen, quasi die türkische Nationalknabberei. Und er knabberte sie sogar völlig professionell. Er nahm einen Kern in den Mund und zwar senkrecht, mit der Kante nach oben, nicht waagrecht. Das erkannte man daran, dass die Schale mit einem leisen Knacksgeräusch aufsprang und gleich ausgepustet werden konnte, denn sonst wäre sie an der Zunge kleben geblieben und der Kern wäre nicht herausgeflutscht. Der Mann beherrschte diese Technik so gut, dass es wie im Zeitraffer wirkte, als er die Kerne einen nach dem anderen in den Mund steckte. Zipzipzip, wie ein Hamster oder eben wie ein Türke, zipzipzipzip. Kern raus, Schale weggepustet, Tütenrascheln, nächster Kern, zipzipzipzip. Ich musste lachen. Ich konnte das nicht so gut wie er, weil ich nicht so oft knabbere, wegen des hohen Fettgehaltes der Kerne. Und dieser deutsche Mann hatte sogar schon einen kleinen, weißen Teppich aus Kürbiskernschalen vor seinen Füßen angehäuft, weil er sie originalgetreu rücksichtslos auf den Boden warf. »Das ist ja ein Ding«, dachte ich, »da knabbern die Deutschen jetzt schon Kürbiskerne aus der Tüte wie die Türken.« Immerhin sind sie bekömmlich und sehr gesund. Aber ist das eigentlich das Einzige, was Deutsche sich von Türken abgeguckt haben?

Meine Mutter erzählt manchmal davon, als sie Anfang der 1970er Jahre nach Deutschland gekommen war. Sie war noch eine junge Frau, und sie erinnert sich, dass sie anfangs nie habe richtig satt werden können. Nicht, weil es kein Essen gegeben hätte, im Gegenteil, aber es gab nicht die Dinge, die sie zu essen gewohnt war. Es gab keine Auberginen, keine Zucchini, selbst Paprika war kaum bekannt. Es gab keinen Schafskäse, keine Fladenbrote, und Oliven gab es schon gar nicht, außer vielleicht in speziellen Delikatessenläden. Sie sagt, sie brachte sich damals diese Sachen im Koffer aus dem Urlaub in der Türkei mit und ging sehr sparsam damit um. Wenn sie im Garten saß und Oliven gegessen hatte und ihre Kerne dorthin warf, damit sie verrotteten, dann habe der deutsche Nachbar später immer über die riesigen »Mäuseköttel« geschimpft, denn dafür hielt er die schwarzen Kerne. Oliven kannte er nicht.

Wenn wir als Kinder die mit Knoblauch gewürzten Gerichte unserer Mütter gegessen hatten, dann wurden wir oft als Knoblauchfresser gehänselt. Wir nahmen uns deshalb vor, keinen Knoblauch zu essen, wenn wir Kontakt zu Deutschen haben würden, oder erlaubten ihn uns nur am Wochenende, damit sie ja nicht merkten, dass wir uns dem verpönten Genuss hingegeben hatten. Wir schämten uns manchmal dafür, wenn wir wieder einmal nicht hatten widerstehen können. Aber einigen wurde es auch zu viel und sie scherten sich einfach nicht mehr um die deutschen Empfindlichkeiten. »Was verstehen die schon von richtigem Essen«, sagten sie, aßen hemmungslos ihre knoblauchgewürzten Gerichte und brachten den Türken den Ruf ein, nach Knoblauch zu stinken.

Aber wie die Welt sich doch ändert. Heute gilt es praktisch als schick, Knoblauch zu essen. Es zeigt, dass man ein Genießer ist und die mediterrane Küche schätzt. Nicht umsonst sagt man heute verniedlichend Knofi statt Knoblauch, und keiner würden einen deutschen Knofifreund einen Knoblauchfresser nennen. Dieser und all die anderen leckeren Gemüsesorten und noch viel mehr sind für fast alle Deutschen heute selbstverständlich geworden.

Weil man viele der Zutaten der türkischen Küche damals in Deutschland noch nicht kannte und es viel zu mühsam war, sie ständig in Koffern mitzubringen, eröffneten schließlich die ersten Türken kleine Läden mit türkischen Lebensmitteln. Wie müssen die türkischen Eltern und Großeltern damals geschlemmt haben, als diese Läden kamen. Es wurde sicher viel gebrutzelt und gekocht und richtige Gelage veranstaltet, nun, da man all die leckeren Dinge aus der Ferne quasi vor der Haustür hatte, auch wenn man am Anfang oft mehrere Stunden mit dem Auto fahren musste, um einzukaufen, weil es nur wenige Läden gab, die zudem weit weg waren. Und allmählich sah man zwischen den türkischen Kunden immer öfter auch neugierige Deutsche.

Es waren sicher nicht nur die türkischen Gastarbeiter, die dazu beitrugen, dass die mediterranen Köstlichkeiten in Deutschland verbreitet wurden, sondern auch die anderen: Griechen, Italiener und Portugiesen. Aber die Türken waren als größte Gruppe der Motor dafür. Denn bald fand man in fast

126 Zu Hause in Almanya

Ein türkischer Döner-Laden in Berlin hat zur Fußball-EM 2008 geflaggt.

allen Städten die türkischen Lebensmittelgeschäfte, die heute völlig selbstverständlich geworden sind.

Wahrscheinlich ist es auch so mit dem Döner gewesen, der zum ersten Mal 1973 von einem Türken in Berlin verkauft wurde. Wie müssen die Deutschen damals gestaunt haben über die Mischung von am drehenden Spieß gebrutzeltem Fleisch, Salat und *Cacik* in einem platten Fladenbrot. Heute ist der Döner zusammen mit seiner italienischen Schwester, der Pizza, zum deutschen Lieblingsgericht geworden. Vielleicht war es vor viel längerer Zeit auch so ähnlich mit dem Kaffee der Türken. Der ist heute in italienischer Gestalt als Cappuccino oder Espresso ein deutsches und sogar weltweites Lieblingsgetränk. Wenn man etwas so gerne hat, dass man davon nicht genug bekommen kann, dann übernimmt man es und bürgert es kurzerhand ein.

Und das gilt nicht nur für Essen und Getränke. Meine Mutter, die eine gute Beobachterin ist, erzählt, dass man sich früher in Deutschland zur Begrüßung die Hand gegeben habe, wobei man gut einen Meter Abstand voneinander hielt – und das nicht etwa nur unter Fremden oder bei formellen Gelegenheiten, sondern sogar unter Freunden und Verwandten! Für die Pioniertürken war das damals sehr befremdlich. Sie herzten und umarmten und küssten sich gerne zur Begrüßung und empfanden die deutsche Art des distanzierten Händeschüttelns als sehr kalt. Aber auch das hat sich im Laufe der Zeit geändert. Ob auf dem Schulhof, in der Kneipe, zu Hause oder wo auch immer – heute begrüßen und verabschieden sich auch Deutsche mit einer warmherzigen Umarmung und freundlichen Küssen auf die Wangen. Menschliche Nähe und Berührung tun schließlich jedem gut.

Topmodisch: Die Filmregisseurin Doris Dörrie im Rock-Hose-Look.

Röcke über Hosen zu tragen ist dagegen schon spezieller. Das haben früher in Deutschland nur die türkischen und die orientalischen Frauen gemacht und wurden dafür sehr verächtlich angeschaut. Ich erinnere mich, wie ich einmal so zur Schule ging und mich in Grund und Boden schämte, als mich die Mitschüler und sogar Lehrer auslachten. Heute ziehe ich so etwas wieder an, doch heute lacht niemand mehr, denn heutzutage ist das hip und modern und die deutschen Frauen machen es auch.

Während ich noch den Kürbiskerneknabberer beobachtete und meinen italienischen Kaffee türkischer Herkunft trank, wurde mir klar, dass auch das Straßencafe, in dem ich saß, keine deutsche Erfindung war. Jedenfalls gab es noch vor 20 Jahren kaum Cafés dieser Art hier, und vor 40 Jahren noch weniger. Es gibt sicher noch eine ganze Menge andere Dinge, die Deutsche von den Fremden, die in ihr Land kamen, übernommen haben, manches bewusst, anderes unbewusst, und wahrscheinlich wird das auch in Zukunft so weitergehen. Ich stelle mir vor, dass man zum Beispiel von den Türken mehr Kinderliebe und Respekt vor alten Menschen übernehmen könnte oder die typische Gastfreundschaft. Dann wäre Deutschland an Gemütlichkeit kaum noch zu übertreffen.

Alles klar, Kollege

Erwin war das, was man einen richtigen Malocher nennt. Er konnte gut zupacken, war nicht zimperlich und immer zur Stelle, wenn ein ganzer Kerl gebraucht wurde. Erwin war keiner, der viele Worte machte, mit dem nötigsten verbalen Rüstzeug kam er gut aus. In der Firma, in der er arbeitete, reichte das völlig, denn wichtig war dort, dass man handelte, wenn Handlung nötig war, nicht, dass man große Reden schwang. Erwin war als Bergarbeitersohn in einem kleinen Dorf in Recklinghausen aufgewachsen, und dort in der Nähe hatte er auch die Arbeit in der Stahlfabrik gefunden.

Diese Firma hatte Anfang der 1960er Jahre wie viele andere auch Arbeiter aus der Türkei und aus anderen Ländern angeworben, und nun hörte man auf dem Werksgelände zwischen dem Surren der Kräne und Transporter, dem Rattern der Stahlrohre und Poltern der Container häufig Namen wie Mustafa, Ahmet oder Antonio. Für die jungen Deutschen, die bis dahin in der Fabrik unter sich gewesen waren, muss es eine schöne Bescherung gewesen sein, als irgendwann immer mehr von diesen jungen Fremdlingen auftauchten, die alle kaum ein Wort Deutsch verstanden. Sie wohnten meistens in den Werkswohnungen oder den Wohnheimen und hatten weder Familien noch Freunde oder Verwandte. Ihr Leben bestand aus Arbeit und haushohen Träumen, die sie sich alle erfüllen wollten, und aus ein bisschen Freundschaft, die sie mit ihren Kollegen pflegten. Das konnte für sie lebenswichtig sein.

Auf dem Firmengelände wurden tonnenweise Stahlabfälle verarbeitet. Gigantische Rohre und Blöcke, Drähte, so dick wie Baumstämme, Splitter, so groß wie Bierkästen, Container, so groß wie Einfamilienhäuser, vielleicht ein bisschen kleiner. Es war ein ständiges Umherlaufen und Schaffen und Schleppen, und die vielen Arbeiter verrichteten ihre Tätigkeiten, als wären sie Teile im Getriebe eines Motors. Ihren harten Arbeitsalltag lockerten sie mit Scherzen und Albereien auf, mit Gesten und Grimassen, mit Pfiffen und Gesängen, die manchmal die anderen nicht verstanden. Den Türken machte es besonders Spaß, bei der Arbeit Lieder zu trällern, Lieder, die von der Liebe handelten, von der Sehnsucht und vom Leiden. Einer von ihnen galt sogar als der Haus- und Hofsänger, weil er ständig irgendetwas vor sich hin sang. Er hieß Erol, war noch keine zwanzig Jahre alt und dafür berühmt, dass die Frauen auf ihn standen – die deutschen Frauen wohlgemerkt, Türkinnen gab es noch nicht so viele.

Eines Tages, als Erol wie immer fleißig bei der Arbeit war, seine sehnsüchtigen, anatolischen Melodien sang und wie beiläufig in den Himmel sah, begriff er zunächst gar nicht, was er da sah. Schon wollte er seine Arbeit fortsetzen, als ihn die Erkenntnis traf, was dort vor sich ging, und es lief ihm eiskalt den Rücken herunter. Er blickte noch einmal nach oben in Richtung des großen Krans, dann nach unten, sah dort jemanden stehen und rief nur ganz laut »Allaaaah«, sprang auf, ohne noch einen einzigen Wimpernschlag lang zu zögern, und warf sich mit aller Kraft gegen den Kollegen, der sich genau unterhalb der Kranladung befand: Erwin, der Bergarbeitersohn.

Sie fielen beide zu Boden, Erwin schrie wie am Spieß, und im gleichen Moment hörte man einen ohrenbetäubenden Knall, als eine gigantische Ladung Stahl direkt neben ihnen aufschlug.

»Was hast du gemacht, Kumpel?«, fragte Erwin, während er verwirrt seinen blutenden Fuß anschaute und Erol sich mit kreidebleichem Gesicht aufrichtete.

»Alles klar, Kollege – *inschallah*, alles klar«, sagte Erol, und beide blickten auf den Krater, den Tonnen von Stahl in den Boden gebohrt hatten. Es war ein Wunder, dass Erwin mit einem blutenden Fuß davongekommen war. Fast alle hundert Arbeiter auf dem Gelände liefen hinzu, standen um sie herum und kamen aus dem Staunen nicht mehr heraus. Erwin legte seinem Kumpel den Arm um die Schultern und zog ihn an sich, und er weinte, ein wenig vor Schmerz, ein wenig vor Freude. Er versuchte aufzustehen, indem er sich auf Erols Schulter stützte, und sofort sprangen die Kollegen zur Hilfe. So einen Unfall hatten sie noch nicht erlebt und er hätte auch gar nicht erst passieren dürfen.

Erst allmählich erholten sich alle von dem Schock über diese Katastrophe, die jeden von ihnen hätte treffen können. Erol konnte nichts sagen in diesem Moment, und Erwin wollte nichts sagen. Er umarmte seinen Kollegen noch einmal, klopfte ihm auf den Rücken und sagte immer nur: »Danke, Kollege, danke!« Als der Krankenwagen ihn ins Hospital brachte, fuhr Erol mit, weil er sich für seinen Kumpel verantwortlich fühlte, und Erwin verspürte ein unaussprechliches Gefühl für diesen Fremden, als er blutend ins Krankenhaus eingeliefert wurde. Von da an verband die beiden Männer eine innige Freundschaft.

Nachdem Erwin sich erholt hatte, lud er Erol zu sich nach Hause ein, um ihn seiner Familie vorzustellen. Erol zog seinen guten Anzug an und band sich eine Krawatte um, denn es war das erste Mal, dass er eine deutsche Familie besuchte. Er kaufte einen Blumenstrauß für Erwins Frau und brachte ein großes Stück Schafskäse für dessen Mutter mit. Den Käse hatte er sich von einem türkischen Freund schenken lassen, der ihn gerade aus dem Heimaturlaub mitgebracht hatte. Als er Erwins Wohnung betrat, wollte er seine Schuhe ausziehen, aber Erwin hielt ihn davon ab. »Nein, nein, Kollege, das brauchst du nicht!«, sagte er und Erol verstand es sehr gut. Er setzte sich auf die Wohnzimmercouch und schaute hin und wieder auf die Liste, die er sich in die Hosentasche gesteckt hatte.

»*Ben Türkiye'den geliyorum* = Ich komme aus der Türkei.« »*Ben iş arkadaşıyım* = Ich bin ein Arbeitskollege.« »*Nasılsınız hanımefendi?* = Wie geht es Ihnen, meine Dame?« Und so weiter und so fort. Danke schön, bitte schön, guten Tag, auf Wiedersehen, wie geht es Ihnen, mir geht es gut – das alles konnte er schon auswendig. Für einen Bauernsohn wie ihn, der noch nie in seinem Leben eine andere Sprache als die türkische gehört oder gesprochen hatte, war das schon sehr viel. Niemand in seinem Dorf kannte so viele fremde Wörter wie er, und dank seines neuen Freundes wurden es von Tag zu Tag mehr.

Es war nicht schwer mit Erwin, der noch nie viele Worte zur Verständigung gebraucht hatte. Er ließ seine Frau ein paar Stullen für den Gast machen, ohne Wurst, das hatte er schon gelernt, und schenkte ihm duftenden Kaffee ein. Die Kommunikation lief über das Gemüt. Es war schön, beisammenzusitzen, mit jemandem, der ihm das Leben gerettet hatte. Das an sich zu beschreiben, wäre mit Worten ohnehin unmöglich gewesen. Und für Erol war es schön, in diesem großen, fremden Land jemanden zu haben, der ihn schätzte. Es wäre nicht klug gewesen, diese schöne Verbundenheit durch Worte einzugrenzen. Und welche Worte hätten schon ausgereicht, um das alles zu beschreiben? Wurden doch einmal Worte gebraucht, dann unterhielten sich die Männer in der »Tarzansprache«, wie Erol es nannte.

Erwin zeigte seinem jungen Freund eine Sammlung alter Waffen, die er von seinem Großvater geerbt hatte und die im Wohnzimmer an der Wand hingen. Er machte die Geräusche nach, die sie von sich gaben, zeigte Erol, wie sie funktionierten, und nannte ihre Namen. Erol nahm das eine oder andere Stück in die Hand, prüfte es, probierte es aus, und beide taten so, als würden sie sie benutzen und alberten mit den Knarren herum wie zwei kleine Jungs.

Erwin erklärte seinem Freund die Bezeichnungen der alten Waffen. Eine davon kannte Erol schon: »Mauser«, die war in der Türkei berühmt. Und so waren die Namen aus Erwins historischem Waffenarsenal die ersten deutschen Wörter, die Erol korrekt lernte, dank Erwin, der sie ihm aufschrieb und vorsprach.

Da sie nun so oft zusammen waren, wurde Erols Wortschatz immer größer, und er lernte, wie sich Deutsche zu Hause benahmen, wie Männer und Frauen miteinander umgingen, wie Kinder sich gegenüber ihren Eltern verhielten und wie sie zu ihren Gästen standen. Er lernte Freunde von Erwin kennen und sie nahmen ihn mit zum Angeln, zu Geburtstagsfeiern oder Karnevalspartys. Erol war dankbar dafür, schließlich war er völlig alleine in Deutschland.

Nach ein oder zwei Jahren waren die beiden richtig dicke Freunde geworden, und Erol gehörte schon fast zu Erwins Familie. Auf der Arbeit war er jetzt einer, der als Dolmetscher den Kollegen bei der Verständigung half. Da er mehr Deutsch konnte als die anderen, kamen immer gleich alle zu ihm, wenn es ein Problem gab.

Bald zog Erol aus dem Wohnheim aus, in dem er mit mehreren Kollegen gewohnt hatte, und mietete sich eine eigene kleine Wohnung in einem der Werkshäuser der Firma. Zwar hatte es zunächst geheißen, dass er nur zwei Jahre dort arbeiten und dann zurück in die Türkei fliegen sollte, aber nun kam alles anders. Die Firma brauchte die fremden Gastarbeiter noch immer, und es ergab keinen Sinn für sie, die angelernten Arbeiter fortzuschicken und neue zu holen, die erst wieder eingearbeitet werden mussten. Also sollten sie noch ein paar Jahre länger bleiben.

So entschloss sich Erol, seine Frau und seinen kleinen Sohn aus der Türkei zu sich holen, denn er hatte die Einsamkeit satt und vermisste seine Liebste und sein Kind sehr. Als die Familie wieder zusammen war, da wurde es richtig gemütlich in seinem Leben. So sehr, dass er jetzt auch seine Freunde nach Hause einlud und seine Frau mit den Frauen der Kollegen bekanntmachte. Sie machte aus ihrem neuen Heim ein richtiges Nest, und sie hatte all das, was ihr Mann bisher gelernt hatte, noch vor sich.

Erol lud natürlich auch seinen Freund zu sich nach Hause ein und diesmal lernte dieser die türkischen Gepflogenheiten kennen. Die beiden Frauen tauschten sich gegenseitig aus, obwohl keine die Sprache der anderen sprach. Erwins Frau lernte, wie man würziges, türkisches Essen kochte, und bewunderte die vielen bunten Kopftücher, die Erols Frau in kunstvoller Handarbeit bestickte. Die beiden Familien wuchsen immer mehr zusammen. Erwin fuhr mit seiner Frau in die Türkei, um bei Erol und seinen Verwandten Urlaub zu machen.

»Donnerwetter, Erol«, sagte er dann, »so traumhafte Strände habt ihr und so tolles Wetter. Da fliegen wir nächstes Jahr gleich wieder hin.« Viele Jahre später kaufte Erwin sich dort sogar ein kleines Ferienhaus und begann schließlich, über die deutschen Touristen zu meckern, als diese immer mehr und mehr wurden.

Auch Erol kaufte sich ein Haus, aber in Deutschland. Seine Frau schenkte ihm zwei hübsche Töchter und einen Sohn, der, als er mit der Schule fertig war, in der gleichen Firma wie sein Vater zu arbeiten begann, als Techniker. Eine seiner Töchter heiratete später einen Mann aus der Türkei und ging wieder zurück, die andere lebte weiterhin bei den Eltern.

Manchmal, wenn die beiden Männer heute mit ihren Familien zusammensitzen, dann erzählen sie ihre Geschichte. Wie sie mit einem heftigen Knall zu Freunden wurden, obwohl keiner die Sprache des anderen verstand. Und wie sie immer mehr die Welt des anderen entdeckten und einander schließlich ein Leben lang verbunden blieben.

Der Zaubergarten

Als Onkel Mehmet eine Feige in die Hand nahm und sie in zwei Hälften teilte, strömte ein wunderbarer Duft heraus. Er atmete ihn tief ein und schloss dabei kurz die Augen. Dann sagte er, dass dieser Duft ihn verwandeln würde. Das wollte ihm natürlich niemand glauben.

Das Fruchtfleisch der Feige war noch nicht ganz rot, aber es versprach, köstlich zu schmecken. Onkel Mehmet war stolz auf diese Feige, denn sie war die erste Frucht von einem Baum, den er selbst gepflanzt hatte. Es war nicht irgendein Baum, sondern der Sohn des Baumes, der in dem Garten seiner Heimat in der Türkei gestanden hatte, als er selbst noch ein Kind gewesen war. Dieser Baum war riesengroß und hatte viele geschwungene Äste, und wenn man ihn zur richtigen Zeit schüttelte, dann übergoss er einen mit einem Regen aus kleinen, weichen, duftenden Früchten.

Als Onkel Mehmet noch ein Junge war, hatte er einmal so viele Feigen gegessen, dass er Bauchschmerzen bekam und seine Mutter mit ihm schimpfte. »Hab ich dir nicht schon hundertmal gesagt, du sollst nicht so viele Feigen essen, Sohn? Das hast Du nun davon!«, hielt sie ihm vor, während sie nervös ihr Kopftuch zurechtzupfte und den Sohn auf den Diwan trug. Sie wusste, dass er ein kleiner Genießer war und einfach nicht genug bekommen konnte von den Früchten des Baumes, den er *Baba* nannte, also Vater. Oft kletterte er darauf so hoch er konnte, versteckte sich in den Ästen und beobachtete die Menschen im Dorf, während er genüsslich die Früchte verspeiste. Niemand konnte ihn zwischen den Ästen sehen, und nur sein Vater wusste, dass dies sein Lieblingsort war, aber er verriet seinen Sohn nie. Wenn jemand ihn suchte und nach ihm fragte, sagte der Vater einfach: »Ich weiß nicht, wo Mehmet ist«, und dann schaute er unauffällig zum Baum hinüber und lächelte aus dem Mundwinkel.

Mehmet versuchte manchmal, den Stamm des Baumes zu umarmen, und eines Tages dachte er, dass dies fast so schön war, wie seinen Vater zu umarmen. Deshalb war der Baum von da an für ihn *Agac Baba*. Vater Baum.

Nachdem Mehmet erwachsen geworden und nach Deutschland ausgewandert war, kam er noch hin und wieder in sein Dorf zurück, um es zu besuchen. Eines Tages nahm er von dem alten Baum einige Feigen und beschloss, ihre Samen in seinen Garten in Duisburg zu pflanzen. Warum er das tat, darüber sagte er nichts. Alle ahnten etwas, aber niemand wollte darüber reden.

Der Garten von Onkel Mehmet in Duisburg war weit über die Stadt hinaus bekannt. Viele Menschen kamen im Sommer zu Besuch, nur um den Garten zu sehen, selbst wenn sie das nicht zugaben und sagten, sie seien gekommen, um Onkel Mehmet zu besuchen. Er wusste das, aber es machte ihm nichts aus. Er war stolz darauf, was er, seine Frau und seine Kinder jedes Jahr leisteten, damit der Zauber hinter dem Haus nicht verwelkte. Deshalb hieß er alle Gäste willkommen, und wenn das Wetter schön war, dann führte er sie hinter das Haus, in den Garten, wohin er selbst immer viele, viele Stunden lang verschwand.

Er hatte als Bergarbeiter auf der Zeche gearbeitet und war ein einfacher Mann. Er verdiente nicht viel Geld, machte keine Reisen in fremde Länder, hatte keine teuren Hobbys, trank keinen Alkohol und ging nicht in Kneipen. Seine Familie, sein Auto und eben dieser Garten waren seine ganze Freude.

Für die deutschen Nachbarn und Bekannten lag hinter dem Haus eine exotische Oase, über die sie jeden Sommer aufs Neue staunten. Sie entdeckten immer wieder neue Gewächse, die es noch vor wenigen Jahren in dieser Gegend nicht zu sehen gegeben hatte. Für die Türken aber war es lebende Nostalgie. Auf jedem Fleckchen Erde blühten Erinnerungen an ihre Kindheit, Träume, die nie Wirklichkeit wurden, Hoffnungen, die an der Realität zerbrochen waren, Teile ihres Lebens, die für viele Menschen in diesem Land auf ewig unsichtbar bleiben würden. So wie Onkel Mehmet stammten die meisten von ihnen vom Lande. Sie waren aufgewachsen mit Blumen, die sprechen konnten, und Blättern, die tanzten, mit Käfern, die verhext waren, oder Katzen, die den bösen Blick hatten, mit singenden Bienen und turtelnden Tauben. All die vergessenen Erlebnisse ihrer Kindheit blühten in diesem Garten wieder auf, auch wenn niemand es je so hätte in Worte fassen können.

Und die Erinnerungen blühten nicht nur, sie dufteten und schmeckten auch und sie ließen sich fühlen und anschauen. Sie schaukelten im Wind, sie waren glücklich und drehten sich der Sonne zu oder sie wurden krank und brauchten Pflege. Sie hatten Durst und Hunger, man musste sie gießen und düngen, sie machten leise Geräusche, wenn sie aneinanderstießen, und vielleicht redeten sie auch miteinander. Wer weiß das schon so genau?

Der Feigenbaum war der König des Gartens. Er war nicht nur der erste und älteste Gartenbewohner, er stand auch noch am schönsten Platz, genau gegenüber dem verschlungenen Gittertor, durch das man den Garten betrat. Er bekam die meiste Sonne und hatte den besten Ausblick über die Dächer des Ruhrgebiets. Es war unmöglich, den Feigenbaum zu übersehen, zumal Onkel Mehmets Enkeltochter kleine, bunte Tücher an die Äste gebunden hatte. Die Oma hatte ihr erzählt, dass man das tun müsse, damit ein Wunsch in Erfüllung ginge, und da das kleine Mädchen viele Wünsche hatte, wurde der Baum immer bunter. Zum Glück konnte sie noch nicht so gut klettern und kam nur an die unteren Äste heran. Sonst hätte der stolze Feigenbaum wohl bald sehr ulkig ausgesehen.

Onkel Mehmet hatte nicht nur den Feigenbaum gepflanzt, sondern auch andere Bäume und Sträucher, und Blumen und Kräuter ebenfalls. Jedes Mal, wenn er wieder im Urlaub in der Türkei war, brachte er sich neue Früchte oder Samen mit und pflanzte sie in seinen Garten. Manches fand er im Garten befreundeter türkischer Frauen, die ihre Pflanzen wiederum aus anderen Regionen der Türkei hatten. Und es kam sogar vor, dass der eine oder andere Bekannte ein kleines Bündel Samen in die Tasche steckte und sie Onkel Mehmet mitbrachte. Die Planzen blühten und gedeihten prächtig, aber manche vertrugen das Klima in Deutschland nicht und brachten nur wenige oder nur schal schmeckende Früchte hervor.

Aber fast jede Pflanze hatte ihre eigene Geschichte, und Onkel Mehmet konnte stundenlang davon erzählen, wenn er seine Besucher im Garten herumführte. Rechts neben dem Feigenbaum stand ein Strauch mit Haselnüssen.

»Der ist von meiner Schwester aus Trabzon«, sagte er. »Direkt vom Schwarzen Meer. Wenn du dich zu den Ästen beugst und deine Ohren an eine Haselnuss hältst, kannst du noch das Rauschen des Meeres hören«, sagte er und lachte dabei.

Mit ihren grünen Zwillingsknospen, die eng von Blättern umhüllt waren, und den Fransen an den Spitzen sahen die Haselnüsse aus wie zwei Kobolde, die neckisch ihre Gesichter verstecken.

»Es gibt auch deutsche Haselnüsse«, sagte Onkel Mehmet, »aber die kriegst du nicht mal mit einem Hammer kaputt, so hart sind sie. Diese hier kannst du mit den Zähnen knacken, sie sind butterweich und süß und saftig«, pries er stolz die Haselnüsse aus seinem Dorf an. Dann pflückte er gerne einen Schoß voll und verteilte seine Ernte freigiebig an alle.

Auf der anderen Seite des Feigenbaums blühten wilde gelbe Tulpen, die inmitten des Grüns leuchteten wie Lämpchen.

Sen ve ben, du und ich   139

»Die habe ich von hier, aber die sind sehr selten. Meine Tochter heißt doch Lale, da musste ich sie einfach pflanzen«, sagte er. »Aber sie ist hundertmal schöner als die Blumen hier im Garten. Nicht wahr, mein Mädchen?« Lale war es immer peinlich, wenn ihr Vater in ihrem Beisein so redete. Sie war ja schon fast eine erwachsene Frau und kein Kind mehr.

Lale, die Tulpe, ist eine türkische Nationalpflanze. Schon vor vielen hundert Jahren brachte ein holländischer Gesandter, der die Zwiebeln vom Sultan geschenkt bekommen hatte, sie aus Anatolien mit in seine Heimat. Seit dieser Zeit wurden sie in Holland gezüchtet und waren bald in der ganzen Welt begehrt.

Blumen mochte Onkel Mehmet zwar gern, aber davon hatte er nicht allzu viele. Nur noch ein paar Hyazinthen und türkische Orchideen. »Die haben wir früher sogar zum Essen verwendet, oh, das war lecker«, schwärmte er.

Mehr als alle anderen Pflanzen liebte Onkel Mehmet das Obst und das Gemüse in seinem Garten. Den Baum mit Granatäpfeln, der in jeder Frucht unzählige kleine, blutrote, saure kleine Kerne versteckte. Den Baum mit weißen Maulbeeren und den Strauch mit honigweichen Persimonen.

An anderen Sträuchern hingen giftgrüne Spitzpaprika, die fingerdick und oft über 10 Zentimeter lang waren. Seine Frau hatte sie unbedingt haben wollen, da sie ein wichtiges Gewürz in der türkischen Küche sind. Aber sie durfte sie nur in winzigen Mengen benutzen, schon allein das Berühren der aufgeschnittenen Schote mit der Zunge brannte höllisch, so scharf waren sie.

Neben der Spitzpaprika wuchsen üppige Sträucher mit Pfefferminze, und ihr erfrischender Duft wehte je nach Windrichtung mal hier, mal dort im Garten umher. Sie waren die Lieblinge von Onkel Mehmets Frau. Wenn die Blätter groß genug waren, schnitt sie die langen Stiele ab, fasste sie zusammen und trocknete die Blätter in der Sonne. Einige band sie an lange Bindfäden und hing sie dekorativ in der Küche auf. Oder sie machte nach mehreren Tagen aus den raschelnden getrockneten Blättern Minzepulver.

Dazu setzte sie sich im Schneidersitz auf den Boden, legte ein großes weißes Tuch über den Schoß und rieb die Blätter so lange zwischen den Händen, bis sie als winziges Pfefferminzkonfetti zwischen den Fingern herunterrieselten. Nach einer Weile roch die ganze Wohnung nach Minze und man konnte wohltuend durchatmen. In den Tagen darauf kochte sie dann Joghurtsuppe, röstete das frische Minzpulver in Butter und ließ die Soße in die Joghurtsuppe hineinfließen.

An schönen Tagen, wenn man draußen sitzen konnte, machte sie ihr Pfefferminzpulver im Gartenhäuschen. Das hatte Onkel Mehmet in die Mitte des Gartens gebaut, aus alten Holzblöcken, die er mit seinem Nachbarn Dieter von einer Baustelle geholt hatte. Dieter hatte eine dicke Säge und half dabei, die Blöcke in baufertige Form zu bringen. Onkel Mehmets Frau verköstigte ihn währenddessen mit Joghurtsuppe und allerlei Speisen aus ihrer Küche. »Der arme Mann, der arbeitet so viel für uns, dann soll er auch schönes Essen bekommen«, sagte sie.

Das Gartenhäuschen hatte ein Zimmer, ein Fenster und eine Art Veranda. Darauf standen Stühle und ein Tisch, aber es wäre nicht das Häuschen von Onkel Mehmet gewesen, wenn es nicht noch eine Besonderheit gegeben hätte: Es war bis aufs Dach bewachsen mit Weintraubenranken, und sie wuchsen schon fast durch das Fenster in das Zimmer hinein.

»Wenn meine Frau mich mal aus der Wohnung wirft und ich hier in diesem Zimmer schlafe, dann muss ich nur den Arm zum Fenster herausstrecken und kann Weintrauben essen«, sagte er.

Die Trauben mochten vielleicht für ihn sein, aber die Blätter waren für seine Frau bestimmt. Aus diesen Weinblättern zauberte sie ein Essen, nach dem sich jeder die Finger leckte. *Dolma* – gefüllte Weinblätter mit Reis und Pinienkernen und Korinthen. »Weil du die so schön machen kannst, habe ich dich geheiratet«, neckte Onkel Mehmet seine Frau.

Sie war eine richtige Kochfee. In dem Häuschen stand auch ein elektrischer Herd, auf dem sie oft die Rezepte kochte, die sie als junges Mädchen von ihrer Mutter und ihren Tanten gelernt hatte oder die sie neuerdings im türkischen Fernsehen sah. Daneben standen Regale mit großen, verschlossenen Gläsern, gefüllt mit Früchten und Gemüse. Der ganze Garten steckte in diesen Gläsern, all die Erinnerungen, all die Treue und die Sehnsucht, die Onkel Mehmet gepflanzt hatte.

Wenn das Wetter schön war, war der Garten selten leer. Jede Stunde, in der man draußen sitzen konnte, verbrachte die Familie hier, auf der Wiese vor dem Häuschen, inmitten ihrer fröhlichen Pflanzenschar.

Hier trafen sich auch manchmal die türkischen Frauen der Nachbarschaft, setzten sich auf Bodenkissen vor einen niedrigen Tisch und rollten mit langen, dünnen Holzstangen Teigfladen aus, die sie auf einem runden, gewölbten Blech, unter dem ein Feuer brannte, ausbackten. Bis in den späten Abend hinein wurde so gebacken, und die dünnen Fladen wurden dann zu gleichen Anteilen unter den Frauen aufgeteilt. Einmal im Jahr wurde auch der rote Paprika aus dem Garten in großen Töpfen auf einem Grill vor dem Häuschen stundenlang gekocht und frische Paprikapaste daraus hergestellt, die für die türkische Küche unerlässlich ist. In diesem Garten wurde gebrutzelt und genossen, wurde gespielt und gelacht und manchmal auch Fußball geschaut auf einem kleinen Fernseher. Hier durften alle sitzen, die Onkel Mehmet und seinen Garten gern hatten und damit automatisch Freunde der Familie waren. Auch Dieter kam manchmal spontan mit seiner Tochter vorbei und fragte nach, ob das Häuschen noch stünde. Onkel Mehmets Frau packte ihm dann immer eine ganze Tüte voll mit Lauchzwiebeln, Zucchini, Tomaten, Petersilie oder Minze und drückte sie ihm in die Hand. »Deine Frau für dich kochen, ist viel gesund«, sagte sie. »So lange diese Haus hier steht, du auch essen von unsere Garten.« Wahrscheinlich wusste Dieter nicht recht, wie er mit der Großzügigkeit dieser lieben Frau umgehen sollte, und um sich zu revanchieren, brachte er manchmal Süßigkeiten mit.

Auch die deutschen Nachbarn, die die Pflanzen bestaunen wollten oder die vielleicht einfach nur den Fladenduft gerochen hatten, kamen vorbei oder riefen zumindest über ihre Zäune hinweg ein fröhliches »Mehmet, du alter Türke, wie geht's?«.

»Gut, Kollege, muss, muss«, sagte dieser dann. Alle Besucher wurden von Onkel Mehmet und seiner Frau großzügig bewirtet. Sie glaubten an die alte Weisheit, dass alles, was man mit anderen teilt, *Berekt* bringt – Segen!

Und manchmal, wenn Onkel Mehmet in die Wohnung ging, um etwas zu holen, munkelten seine Gäste, warum er damals wohl den Feigenbaum gepflanzt hatte und nie darüber sprach.

Onkel Mehmet liebte seinen Vater sehr. Aber er liebte auch die große weite Welt und das Abenteuer. Als sein Schnurrbart langsam zu wachsen begann und er zu groß geworden war, um sich auf seinem Baum zu verstecken, als er ein junger Mann geworden war, da träumte er von einem anderen Leben als dem im Dorf seiner Eltern.

Onkel Mehmet hatte sich damals entschlossen, nach Deutschland zu gehen, um dort zu arbeiten und ein reicher Mann zu werden. Sein Vater, so hieß es, sei sehr traurig darüber gewesen, dass sein Sohn die Familie verlassen und in ein fremdes Land gehen wollte, und er habe ihm das nicht verzeihen können. Da habe Onkel Mehmet eine Feige von seinem Baum gepflückt und seinem Vater versprochen, er würde zurückkommen, sobald der Baum seine nächsten Früchte trüge. Doch das ist nie passiert, nicht im nächsten Jahr und auch in den folgenden Jahren nicht. Und so schütteln heute die Enkelkinder den Feigenbaum in Duisburg, der noch lange seine duftenden, weichen Früchte auf sie herabregnen lassen wird.

Teil 6
Von Anatolien zur europäischen Großmacht
Die türkische Geschichte

Der Retter in der Not –
Atatürk und die moderne Türkei

In türkischen Räumen hängt oftmals das Portrait eines berühmten Mannes. Er hat ein markantes Gesicht und helle Haare, die nach hinten gekämmt sind und seine Stirn frei geben. Wache, blaue Augen und entschlossene Lippen. Manchmal trägt er einen feinen Anzug, manchmal sportliche Kleidung, manchmal eine Uniform oder auch einen dicken Mantel.

Es gibt viele verschiedene Bilder von ihm. Bilder, auf denen er am Schreibtisch sitzt und arbeitet, auf denen er mit Politikern in einer Reihe steht, einen Frack trägt und mit schönen Frauen tanzt oder an der Tafel steht und Kindern das Alphabet beibringt.

All diese Bilder und noch viele mehr sind in der Türkei überall zu sehen und werden ausgestellt. In Deutschland hängen sie meist in Büros und Restaurants oder zu Hause in den Wohnungen, eingerahmt oder als Poster an den Wänden, in Wohnzimmern oder in den Zimmern von türkischen Jungen und Mädchen.

Obwohl dieser Mann schon seit genau 70 Jahren nicht mehr lebt, ist er für Türken, die ihre Kultur oder ihr Herkunftsland gern haben, immer noch sehr wichtig. Wenn man in Deutschland aufgewachsen ist, versteht man oft nicht, wie ein Mann so verehrt werden kann und ständig gegenwärtig ist, als dürfe man ihn nie vergessen. Wenn man in Deutschland aufgewachsen ist, weiß man aber auch kaum etwas über ihn, außer seinen Namen vielleicht und seine wichtigste Errungenschaft. Er

Der »Vater der Türken«: Mustafa Kemal Atatürk.

heißt Mustafa Kemal Atatürk und er hat die türkische Republik gegründet.

Aber im Grunde hat er mehr als das getan. Er hat die türkische Gesellschaft neu strukturiert, die türkische Kultur revolutioniert und das Land auf einen völlig neuen Kurs gebracht. Deshalb haben ihm die Türken den Titel »Atatürk« verliehen. *Ata* bedeutet im Türkischen Vater, und wenn irgendein Mann den Namen »Vater der Türken« verdient hat, dann sicherlich er. Wäre Mustafa Kemal nicht gewesen, würde es die Türkei, wie wir sie heute kennen, nicht geben. Vielleicht hätte auch die Weltgeschichte einen anderen Lauf genommen, und vielleicht wären die Türken sogar nie nach Deutschland gekommen, wer weiß? Auf jeden Fall wäre das Leben der Menschen in der Türkei heute ein anderes.

Als die Vorfahren der Türken, die alten Osmanen, ihr Staatsgebiet in vielen Kriegen Stück für Stück verloren hatten und es am Ende sogar ganz aufgeteilt werden sollte, als sich bereits Unmut darüber in der Bevölkerung zeigte, da tauchte der junge Offizier Mustafa Kemal auf und machte diesem Vorhaben einen dicken Strich durch die Rechnung.

Warum er für viele Türken so wichtig ist, kann man nur verstehen, wenn man weiß, unter welchen Umständen die türkische Republik entstanden ist, und sich vorstellen kann, was passiert wäre, wenn Atatürk nicht gewesen wäre. Oder was vielleicht noch immer passieren könnte, wenn man seine Errungenschaften heute wieder vergessen würde.

Fast alle muslimischen Länder wurden in der Vergangenheit von europäischen Staaten kolonisiert, was ihre Grenzen, Gesetze und Kulturen deutlich beeinflusst hat. Das sehen wir zum Beispiel daran, dass in manchen dieser Länder heute die Amtssprache Französisch oder Englisch ist, obwohl das Volk zum Beispiel aus Arabern besteht und Arabisch spricht, oder dass ihre Landesgrenzen kerzengerade verlaufen, weil sie auf einem Schreibtisch mit dem Lineal gezogen wurden – von ausländischen Politikern, je nach Machtinteresse.

Diese Länder konnten ihr Schicksal nicht selbst bestimmen und sind zum Teil noch heute abhängig von ihren ehemaligen Kolonialherren, zumindest in Form enger politischer und wirtschaftlicher Beziehungen. Ein ähnliches Schicksal sollte auch die Türkei erwarten.

Über 600 Jahre lang bestand das Osmanische Reich und 36 Herrscher, die Sultan genannt wurden, regierten es. In dieser Zeit hatten sie viele Länder erobert, die in der Folge zum Osmanischen Reich gehörten, mit Anatolien, dem Hauptgebiet der heutigen Türkei, als Kernland. Doch spätestens unter dem letzten Herrscher, Sultan Vahdeddin, war das Reich schon stark geschwächt. Der Erste Weltkrieg war gerade zu Ende gegangen, in dem das Osmanische Reich mit Deutschland verbündet gewesen war, und nun gehörte es zu den Verlierern. Nebenbei bemerkt ist diese Verbindung mit Deutschland heute vielen Türken noch im Gedächtnis, während in Deutschland kaum noch jemand davon weiß.

Die Siegermächte und ihre Verbündeten, zu denen damals unter anderem Frankreich, Großbritannien, Griechenland und Italien gehörten, diktierten dem osmanischen Staat harte Bedingungen. Dazu gehörte auch, dass sie die Türkei faktisch unter sich aufteilen wollten, was später 1920 im Vertrag von Sèvres festgeschrieben wurde. Jede Siegermacht sollte ihren Teil der Türkei bekommen. Die ausländischen Soldaten hatten schon begonnen, ins Land einzumarschieren, und ihre Länder sahen nun die Gelegenheit, die Türken ein für alle Mal aus Europa zu verdrängen, wie es der damalige englische Premierminister sagte.

Der Sultan war der Meinung, dass er die Teilung nicht würde verhindern können und akzeptierte den Vertrag, doch in der Bevölkerung herrschte schon längst Unmut, und Widerstand machte sich im ganzen Land breit. Der Sultan musste die Aufstände niederschlagen und schickte seinen Offizier Mustafa Kemal Pascha – so lautete sein Titel – nach Samsun an die Schwarzmeerküste, wo dieser am 19. Mai 1919 ankam. Doch statt den Befehl des Sultans auszuführen, schloss er sich den Aufständischen an, übernahm deren Führung und organisierte den Widerstand. Franzosen, Engländer und Griechen hatten bereits Stützpunkte im Land und patrouillierten in den Städten. Mustafa Kemal ließ die Bevölkerung über die Besatzung aufklären und gegen die Besatzer mobilisieren. So wurden in vielen Städten Kongresse abgehalten, die den Widerstand bündeln sollten. Er selbst quittierte den Offiziersdienst und hatte nur noch ein einziges Ziel: die Teilung des Landes zu verhindern und einen souveränen Staat zu schaffen. Die Ereignisse überschlugen sich, Großbritannien besetzte Istanbul, der Sultan löste das Parlament auf, griechische Soldaten drangen nach Anatolien vor. Im Norden, im Süden, im Westen – von überall her kamen ausländische Soldaten ins Land. Mustafa Kemal, der überall Kongresse organisiert und eine Nationalversammlung einberufen hatte, wurde zu deren Präsidenten gewählt. Als bekannt wurde, dass der Sultan den Vertrag von Sèvres unterzeichnet hatte, kochte die Stimmung im Lande hoch. Die Armee, die von der Nationalversammlung gebildet wurde, und auch alle anderen Widerständler vereinigten sich. So kämpften nicht nur Soldaten gegen die Besatzer, sondern auch das einfache Volk, selbst Bauern und Bäuerinnen, und sie trugen am Ende den Sieg davon. Die fremden Soldaten mussten abziehen und verließen das Land, so wie auch der Sultan. Im Vertrag von Lausanne wurden 1923 neue Bedingungen ausgehandelt und die Grenzen der Türkei, wie wir sie heute kennen, festgeschrieben. Im selben Jahr wurde auch die türkische Republik ausgerufen, und Mustafa Kemal Atatürk wurde ihr erster Staatspräsident.

So könnte man die Geschichte zusammenfassen, wie der türkische Held Mustafa Kemal sein Land in die Freiheit führte. Die Bevölkerung der Türkei ist noch heute stolz darauf, dass sie es aus eigener Kraft geschafft hat, ein unabhängiger, moderner Staat zu werden, und sie feiert jedes Jahr am 19. Mai den Beginn dieser Geschichte. Sie bedeutete letztlich das Ende des Osmanischen Reiches und den Beginn einer neuen Ära. Der Sultan flüchtete auf einem britischen Kriegsschiff nach San Remo, wo er wenige Jahre später starb. Auch die Angehörigen seiner Dynastie wurden aus dem Land ausgewiesen.

Aber mit der Ausrufung der Republik begannen erst die Herausforderungen für die junge Republik. Weil das vorherige System das Land an den Rand des Ruins geführt hatte, wollten Atatürk und seine Mitstreiter nun die Gesellschaft und den Staat völlig neu und zeitgemäß organisieren. Dies ist ihnen nicht nur gelungen, man kann sogar sagen, sie haben das Land revolutioniert. Die neue, junge Türkei machte innerhalb weniger Jahre so große Umwälzungen durch, wie andere, besonders muslimische Staaten, sie bis heute nicht erlebt haben. Was damals geschah, war eine türkische Kulturrevolution und eine Revolution in der islamischen Welt.

War das Osmanische Reich ein Vielvölkerstaat gewesen, in dem das Volk dem Sultan untertan war, der eine elitäre Sprache und Kultur pflegte, so stand die neue türkische Republik als demokratischer Nationalstaat da, mit einem Parlament, einer Verfassung, einer türkischen Amtssprache und einer Trennung von Religion und Staat.

Mustafa Kemal Atatürk hatte verschiedene Prinzipien erarbeitet, die er im neuen Staat umsetzen wollte, wie zum Beispiel den Laizismus. Jahrhundertelang war der Sultan des Osmanischen Reiches zugleich auch Kalif, also das religiöse Oberhaupt der Muslime weltweit, gewesen, und die religiösen Regeln aus der Zeit des Propheten bestimmten und beeinflussten die Gesetze des Staates. Doch durch den Laizismus wurden religiöse Ämter und Staatsangelegenheiten voneinander getrennt. Um die religiösen Angelegenheiten kümmerte sich von nun an eine Behörde, und die Gesetze machte das Parlament.

Auch außenpolitisch wandelte Atatürk den Staat, denn für die junge Demokratie waren die benachbarten arabischen Staaten nicht länger richtungweisend. Stattdessen wandte er sich Europa zu, wo der Fortschritt auf vielen Gebieten blühte.

So wurden viele Bereiche der Gesellschaft völlig neu strukturiert und im wahrsten Sinne des Wortes aus dem Nichts aufgebaut. Denn der junge Staat hatte kaum Geld, kaum Industrie, kaum eine Infrastruktur, kaum Banken oder Behörden, Schulen oder Universitäten. Die Bevölkerung war arm, viele Männer waren im Krieg gefallen, die Frauen ungebildet geblieben. So wurden die alten religiös-orientierten Gesetze abgeschafft und ein neues Rechtssystem eingeführt, wofür aus einigen europäischen Ländern Gesetze entliehen und auf die Türkei angepasst wurden. Das Staatswesen wurde reformiert, die Hauptstadt von Istanbul in die Mitte des Landes nach Ankara verlegt, die

Einführung des Mehrparteiensystems vorbereitet. Aber damit war es nicht genug.

Auch das alte osmanische Schriftsystem wurde abgeschafft, das zu diesem Zeitpunkt ohnehin nur eine kleine Elite im Land beherrschte, und stattdessen das lateinische für die türkische Sprache übernommen, die jetzt jedes Kind in der Schule lesen und schreiben lernen sollte. Heute schlummern in den Archiven der Sultanspaläste noch unzählige verstaubte Bücher, die in osmanischen Schriftzeichen verfasst wurden und die nur noch von Experten entziffert und verstanden werden können. Damit ist natürlich auch ein historischer Schatz untergegangen, der nur langsam wieder geborgen wird.

Ebenso wurde die bisherige Amtssprache Osmanisch, eine Ausprägung des Türkischen, die jedoch zum großen Teil aus arabischen und persischen Wörtern bestand, von Fremdwörtern bereinigt und mehr und mehr durch die türkische Sprache ersetzt, die eine neu eingerichtete Sprachgesellschaft wiederbeleben sollte. Im ganzen Land, in Städten und Dörfern, mussten Schulen und Universitäten errichtet werden, aber da der junge Staat arm war, dauerte die Umsetzung dieses Vorhabens noch viele Jahre. Zu den Neuerungen, die Mustafa Kemal Atatürk einführte, gehört außerdem die Kleidungsreform, wonach Turbane für Männer und Schleier für Frauen abgeschafft wurden, und auch die berühmte rote Filzmütze, der Fes, der über Jahrhunderte die traditionelle türkische Kopfbedeckung gewesen war, wurde verboten.

Weiter wurden Frauen den Männern politisch gleichgestellt und erhielten 1930 das Wahlrecht, also viele Jahre vor manch anderen europäischen Staaten wie etwa Frankreich, Italien oder die Schweiz. Um als gutes Beispiel voranzugehen, ließ Atatürk seine Adoptivtöchter und die Frauen in seinem

Umfeld zu Soldatinnen, Pilotinnen oder Lehrerinnen ausbilden. Zudem förderte er Frauen als Sängerinnen und Künstlerinnen, setzte sie als Wissenschaftlerinnen und Politikerinnen ein und bezog sie in sämtliche gesellschaftliche Bereiche mit ein. Er sagte, nur durch die Gleichberechtigung von Männern und Frauen könne ein Staat erfolgreich sein. Allein das brachte viele gegen ihn auf, die das nicht akzeptieren wollten.

Doch auch andere seiner Neuerungen trafen auf Widerstand, vor allem unter denjenigen, die den Sultan und seine islamisch-orientalische Gesinnung geschätzt hatten und es zum Beispiel nicht akzeptieren wollten, dass die Religion zur Privatsache erklärt wurde oder dass Atatürk seine Ideen sehr unnachgiebig durchsetzte. Wie in jedem Land geraten auch in der Türkei die verschiedenen politischen Lager aneinander, allerdings sind diese Auseinandersetzungen in der Türkei noch immer auch durch die Geschichte geprägt. Doch ein Wandel zeichnet sich ab. Deshalb setzt sich heute zum Beispiel eine Partei wie die Regierungspartei AKP, die eigentlich islamisch-orientalisch ausgerichtet ist, für den Beitritt der Türkei zur Europäischen Union ein, obwohl sie gleichzeitig auch versucht, den Einfluss der Religion in der Politik zu stärken oder altmodische Vorstellungen über die Rolle der Frauen vertritt. Wie in jedem demokratischen Land wetteifern die verschiedenen politischen Richtungen darum, wer im Staat das Sagen haben soll.

Aber über eines sind sich die meisten Türken einig: dass die Türkei das wohl größte Erfolgsmodell in der islamischen Welt ist, ein »Selfmade-Staat«, der aus eigener Kraft nach dem Absturz von einer Weltmacht zu einem der schwächsten Länder der Welt die Kehrtwende geschafft hat und zum wichtigsten Brückenstaat zwischen Asien und Europa wurde. Und die meisten Türken wissen auch, dass bei der großen Krise, die heute im Nahen Osten herrscht, der Türkei eine wichtige Bedeutung für die internationale Politik und für den Dialog von Orient und Okzident zukommt. Diese Rolle kann sie nur erfüllen, wenn sie ein stabiler, unabhängiger Staat ist. Deshalb mahnen manche Leute noch immer, dass der Geist von Sèvres nicht auferstehen dürfe.

Die meisten Türken wissen heute aber auch, dass sie die Unabhängigkeit und den Erfolg ihres Landes in erster Linie einem Mann zu verdanken haben, der viel mehr ist als ein Politiker, nämlich ein Vorbild und ein Symbol. Deshalb hängen sie seine Bilder noch immer an die Wände und erinnern sich an ihn. Mustafa Kemal Atatürk starb am 10. November 1938.

Hysterie und Fantasie – Europa und die Türken

Spitze Zähne, bleich im Gesicht und durstig nach Blut: Dracula, der Schrecken der einsamen Nächte, der größte aller Vampire, hatte kein Mitleid mit den Menschen. Insbesondere nicht mit Türken, denn die hasste er.

Graf Dracula, der durch den Roman von Bram Stoker aus dem Jahr 1897 bekannt wurde und seitdem zumindest literarisch unsterblich geworden ist, war in Wirklichkeit ein Fürst mit Namen Vlad Draculea und lebte in der Walachei im heutigen Rumänien, welche fast 400 Jahre lang zum Osmanischen Reich gehörte. Der Fürst bekämpfte die osmanischen Türken mit allen Mitteln, und dazu gehörte auch, dass er sie bei lebendigem Leibe auf Pfählen aufspießen ließ, wo sie einen langsamen und qualvollen Tod starben. Glaubt man den rumänischen Legenden, so ging Fürst Draculea, den man auch *Țepeș*, den Pfähler, nannte, auch mit anderen unliebsamen Gegnern so um. Dabei war er nach damaligen Maßstäben nicht einmal ungewöhnlich grausam. Unmenschliche Folterstrafen und bestialische Todesarten waren im Mittelalter noch weit verbreitet und geradezu gesellschaftlich akzeptiert.

Wirklich barbarische Grausamkeit wurde dagegen den Osmanen nachgesagt, die in der Regel gesamt als »Türken« bezeichnet wurden, obwohl verschiedene Völker auf dem Balkan, in Nordafrika, Arabien oder Anatolien zu ihnen gehörten. In seiner Angst vor den Türken und seinem Hass auf sie war Draculea vielen anderen Europäern ähnlich.

Während die Truppen des Osmanischen Reichs auf Eroberungsfeldzüge gingen und immer neue Länder unter ihre Herrschaft brachten, trugen sie den Krieg weiter nach Europa hinein, wo sich der Schrecken vor ihnen wie ein Lauffeuer ausbreitete. Das fand 1529 einen Höhepunkt, als sie zum ersten Mal Wien belagerten, doch an der Eroberung scheiterten. Unterstützt wurde die Verbreitung der »Türkenangst« allerdings nicht nur durch immer neue Nachrichten von türkischen Eroberungen, sondern auch vom Papst und der Kirche, von Priestern und Predigern. Sie erklärten die Türken zur Geißel Gottes, die geschickt worden sei, um die Christenheit zu bestrafen, da diese nicht gottesfürchtig genug sei und ein sündiges Leben führe. »Gott schickt uns die Türken als Strafe, also betet und tut Buße und macht, was ich euch sage«, so ungefähr lautete wohl die Botschaft des Papstes. Es war eine regelrechte Propagandamaschinerie, die er zu diesem Zweck in Gang setzte, und eines der wirksamsten Mittel darunter waren die »Türkenpredigten«. Auch deutsche Christen im damaligen Römischen

Nach der ersten Belagerung Wiens 1529 vertreiben die kaiserlichen Truppen das osmanische Heer.

Reich hörten, wie grausam und barbarisch die Türken seien. Sie würden Menschen bei lebendigem Leibe aufspießen und schwangeren Frauen die Babys aus dem Leib reißen. So schallte es von den Kanzeln der Kirchen und den Podesten der Wanderprediger. Auf diese Art fachte man die Angst des einfachen Volkes vor den Türken an und hielt sie lebendig, selbst wenn für dieses keine konkrete Gefahr bestand.

Damit die Menschen diese Gefahr und somit ihre Pflichten gegenüber der Kirche nicht vergaßen, wurde das Läuten der sogenannten »Türkenglocken« eingeführt, zum Beispiel 1456 in einem päpstlichen Erlass. Täglich zur gleichen Zeit läuteten die Glocken und mahnten jeden, innezuhalten und zu beten, um vor den Türken verschont zu bleiben. Gebete als »Waffe« gegen die Türken wurden vielfach eingesetzt, so fanden etwa auch regelmäßige Rosenkranzandachten statt. Wurden dann tatsächlich Siege über die türkischen Heere errungen, schrieben die gläubigen Christen diesen Erfolg den Gebeten zu.

Ein türkischer Krieger mit zwei gefangenen Bauern und einem ermordeten Kind – der Holzschnitt von 1529 sollte die barbarische Grausamkeit der Türken illustrieren.

Ob ihnen dabei allerdings bewusst war, dass der Papst vor allem aus politischen Motiven die Angst vor der Türkengefahr schürte, um so die Spaltung der Christenheit aufzuheben, die Gläubigen vereinen und seine eigene Macht stärken zu können? Wohl kaum. Viel zu real erschien die Schreckenspropaganda, die sich die Menschen über Jahrhunderte anhören mussten, während in manchen Orten auch tatsächlich Kriege mit den Türken tobten.

Das wohl erstaunlichste Zeugnis dieser Propaganda aber ist eine bildliche Darstellung, an der selbst der legendäre Fürst Draculea seine Freude gehabt hätte: die sogenannte »Türkenmadonna«, an manchen Orten auch als »Rosenkranzkönigin« bezeichnet. Noch heute stehen vereinzelte Statuen in einigen Kirchen in Deutschland und werden von frommen Christen geehrt. Was ist so schlimm an der »Türkenmadonna«?

Man stelle sich eine anmutige Mutter Gottes vor, mit einem langen Gewand und gütigen Augen. Ihre Arme hat sie ausgebreitet, als wolle sie alle Menschen in ihr Herz schließen. Auf dem einen Arm trägt sie ein Baby, das Jesuskind. Doch in der anderen Hand hält sie ein langes Schwert. Der Jesusknabe, eigentlich der Inbegriff der Unschuld, übertrifft noch die Mutter. Er hält den abgeschlagenen Kopf eines Mannes in der Hand, dessen langer Schnurrbart ihn als Türke ausweist. Dieses schockierende Bildnis soll symbolisieren, wie die Heilige Jungfrau das Abendland vor den barbarischen Türken rettete. Welche Empörung würde wohl im umgekehrten Fall, zu Recht, durch die Welt gehen, wenn eine solche Statue in einer Moschee stehen würde?

Dieses Beispiel zeigt besonders gut, wie die Angst vor den Türken den Menschen in Europa über Jahrhunderte hinweg regelrecht eingetrieben wurde. So gesehen verwundert es vielleicht nicht, wenn diese Furcht unbewusst heute noch in manchen Menschen schlummert, wie einige Experten meinen.

Lange Zeit fand die Türkenangst und die Türkenfeindlichkeit auch in der Kunst, vor allem der Malerei, und in der Dichtung und Poesie ihren Ausdruck. Kupferstiche, in denen Türken als blutrünstige Kämpfer dargestellt werden, oder fingierte Briefe, in denen fantasiereich geschildert wurde, welche Grausamkeiten diese Barbaren nun wieder in welchem Krieg angerichtet hätten, machten die Runde.

Das Blatt wendete sich erst, als es den Türken 1683 erneut nicht gelungen war, Wien zu erobern, und sie stattdessen von den Truppen der Heiligen Liga zurückgetrieben wurden. Plötzlich wurde aus Angst und Hass Spott und Häme. Die Darstellungen zeigten nun die Türken nicht mehr als grausam und barbarisch, sondern als schwächlich und dümmlich. In Zeitungen, Karikaturen und Volksliedern machte man sich über sie lustig und freute sich des Sieges. Es muss eine Welle der Freude durch Europa gegangen sein, als die »Türkenangst« gebannt war. Nun konnten Europäer selbst Schrecken in der Welt verbreiten, ungehindert von den Türken. Die Angst vor ihnen hatte Europa zusammengeschweißt und neue Bündnisse entstehen lassen. Vielleicht hat sie auch mit beigetragen zur Festigung der Idee von einer Zusammengehörigkeit der Europäer und des europäischen Kontinents, was sich ein paar Jahrhunderte später als sehr bedeutsam erweisen sollte.

Nachdem erste diplomatische Beziehungen mit dem Osmanischen Reich aufgenommen worden waren und Gesandte von dort berichteten, wurde auch das Türkenbild in Europe immer vielfältiger. Einer, der die Schönheiten des Osmanischen Reichs kennen gelernt hatte, war Ogier Ghislain de Busbecq. Der Diplomat hatte vom Sultan Tulpenzwiebeln als Geschenk erhalten. Zurück in Wien gab er sie dem Gärtner des kaiserlichen Botanischen Gartens, der die Pflanzen aussetzte und kultivierte. Mit der Zeit verbreitete sich die bislang unbekannte Pflanze in ganz Europa und löste eine regelrechte Tulpenmanie aus. Die Schönheit der Pflanzen war wie ein Vorbote für das Bild der Türken, das sich allmählich zum Positiven ändern sollte. In Reiseberichten, auf Gemälden und Kupferstichen, in Opern und Operetten wurde nun auch ihre Lebensweise dargestellt, ihr Charakter positiver beschrieben. Der Orient, für den die Türken sinnbildlich standen, konnte also auch anziehend sein.

Der französische Maler Jean-Étienne Liotard war einer der beliebtesten Maler zur Zeit der »Türkenmode«.

Ihre Sultane waren großmütige Herrscher, ihre Harems voller Lebensfreude und Sinnlichkeit. Lady Wortley Montagu, die Frau eines britischen Botschafters in Konstantinopel, bezeichnete die Türkinnen als die schönsten Frauen überhaupt. Die Fantasie der Europäer blühte, und der Orient wurde zum Ort von Märchen und Mythen.

Es erschienen Kostümbücher, die die Kleidung der Osmanen darstellten, es wurde schick, sich in türkische Stoffen zu kleiden, sich als Türke portraitieren zu lassen oder seine Wohnung nach türkischer Art einzurichten. Im 18. Jahrhundert erreichte die Türkenmode ihren Höhepunkt und es schien das Türkenfieber ausgebrochen zu sein; nun herrschte eine Turkomanie. Die politische Lage zwischen Europa und dem Osmanischen Reich war friedlich, und im Zuge der Aufklärung begann man zu zweifeln, ob Europa wirklich die überlegene Kultur sei und nicht auch Gemeinsamkeiten mit anderen Völkern besaß, wie etwa den Türken. Allerdings fand eine richtige Auseinandersetzung mit deren Kultur nie statt. Gleichzeitig machte sich umgekehrt im Osmanischen Reich eine Verehrung für Europa breit. Man bewunderte den technischen Fortschnitt, übernahm Gesetze, kleidete sich auf europäische Art, orientierte sich an politischen Ideen aus Europa oder nahm französische oder italienische Wörter in die eigene Sprache auf.

Die alten Vorstellungen über die Türken leben zum Teil auch heute noch weiter und sind längst nicht vergessen – die schönen wie die schrecklichen. Wenn deutsche Zeitungen bei Fußballspielen der Türkei bei der Europameisterschaft titeln »Die Türkei vor Wien« oder bei EU-Beitrittsverhandlungen »Die Türkei vor den Toren Brüssels«, dann spielen solche Schlagzeilen immer noch auf Ereignisse an, die fast 500 Jahre zurückliegen. Wenn heute in der Öffentlichkeit so geredet wird, als seien türkische Männer gewalttätiger als andere, dann schwingt darin vielleicht auch das alte Türkentrauma mit.

Allerdings: Wenn im Fasching und Karneval die Kapelle musiziert, dann erklingen darin auch türkische Instrumente, die einst im Heer der Türken zu hören waren. Auch die Musik von Mozart und anderen Komponisten macht Klänge »alla turca« hörbar. Alte Bauwerke, wie die kleine Moschee im Schlossgarten in Schwetzingen, oder Porzellan mit türkischen Motiven zeugen noch heute von der alten Schwärmerei für die Türkei.

Aber auch in unserer deutschen Sprache sind noch einige Andenken an die alten Zeiten geblieben. »Hurra« war ursprünglich der Kampfruf türkischer Soldaten und hieß *Vur ha!*, »Schlag los!«. Unser »Heckmeck« heißt eigentlich *Ekmek*, was Brot bedeutet – eine Bitte der türkischen Gefangenen an ihre Wärter. Die »Band«, die Musik macht, war die Bande der türkischen Musiker, die im Krieg vor dem Heer marschierten, und der »Gugelhupf« soll dem osmanischen Turban nachempfunden sein. Doch letztlich darf man nicht vergessen, dass so manches auch einfach nur »getürkt« war.

Mehmet von Königstreu

Der Junge war vielleicht 15 Jahre alt, oder auch etwas älter, hatte dunkles Haar und dunkle Augen. Nach seiner Geburt hatten seine Eltern ihm den Namen Mehmet ins Ohr geflüstert. Mehmet, der Starke, der Mutige, der Treue. Ob sie geahnt hatten, dass ihren Sohn ein außergewöhnliches Schicksal erwartete und er eines Tages all die guten Wünsche der Eltern dringend benötigen würde? Mehmet, ein türkischer Junge, der von deutschen Soldaten verschleppt wurde und später eine deutsche Adelsdynastie begründete.

Doch als er damals irgendwo in den Tiefen des Osmanischen Reiches geboren wurde – vielleicht in Anatolien, vielleicht auf dem Balkan –, ahnte noch niemand etwas von seinem ungewöhnlichen Schicksal. Es gab viele, die ein ähnliches Schicksal hatten, doch kein Türke hat es zu seiner Zeit in Deutschland so weit gebracht wie er.

Das Abenteuer von Mehmet, dem türkischen Jungen, begann an einem Tag im Jahr 1684. Es kann auch einige Jahre später gewesen sein, genau weiß das heute niemand mehr. Um ihn herum herrschte Krieg, wurden donnernd Kanonen abgefeuert, flehten Verwundete um Hilfe. Ein Jahr zuvor hatten die Osmanen versucht, Wien zu erobern und waren daran gescheitert, doch der Krieg war damit noch lange nicht beendet. Die Kämpfe müssen grausam und unerbittlich gewesen sein, und die einfachen Menschen in den Dörfern und Städten mussten um ihr Leben bangen, wenn die Armeen über sie hinwegzogen.

Wie stets im Krieg bedeutete der Ausgang einer Schlacht Erleichterung und Sicherheit für die eine und Verderben für die andere Seite. Auf die türkischen Gefangenen wartete der Tod. Nur die kräftigsten jungen Männer blieben am Leben – auf sie wartete die Sklaverei. So erging es auch Mehmet, der sich im Heer der Osmanen befand.

Er war einer von vielen Gefangenen, die in den Kriegswirren zusammengetrieben wurden, und als einer der Kräftigsten wurde er von den kaiserlichen Soldaten ausgewählt und mitgenommen. Von da an war Mehmet »Kriegsbeute«, ein Sklave, mit dem man machen konnte, was immer man wollte. Er muss fürchterliche Angst gehabt haben, als er ein letztes Mal zurückblickte und ahnte, dass er die anderen niemals wiedersehen würde. Mehmet wurde verschleppt, und er wusste nicht wohin. Es sollte der Beginn eines neuen Lebens sein.

Nach einer mehrtägigen, beschwerlichen Reise durch eine ihm unbekannte Welt wurde der Junge schließlich in ein Schloss gebracht. Der Prunk und der Reichtum dort ließen ihn staunen, und vielleicht war er in diesem Moment auch froh, am Leben gelassen und mitgenommen worden zu sein, statt wie die anderen Gefangenen den rachedürstenden Soldaten in die Hände zu fallen.

Mehmet befand sich nun in Hannover, am Hof des Herzogs und späteren Kurfürsten von Braunschweig-Lüneburg. Er kannte in dieser fremden Welt keinen einzigen Menschen, verstand kein einziges Wort und hatte nicht die geringste Vorstellung davon, was er dort tun sollte. Am Hof bestaunte man den exotischen türkischen Jungen, und der Herzog und seine Familie freuten sich über ihn, denn sie hatten noch viel mit ihm vor. Mehmet bekam neue Kleider, und man brachte ihm die Grundlagen der deutschen Sprache bei. Er lernte die Menschen am Hof kennen und ihre Gepflogenheiten, wann er sich wie zu benehmen hatte und vor allem, was er zu tun und zu lassen hatte. Mehmet sollte Kammerdiener werden, und dafür musste er noch sehr viel lernen. Für die Adeligen war es damals etwas ganz Besonderes, einen exotischen Diener zu haben, und sie wurden dafür von vielen beneidet und waren umso höher angesehen.

Als man die Zeit für gekommen hielt, wurde Mehmet getauft. Gefragt wurde er mit Sicherheit nicht, und als Sohn muslimischer Eltern ließ er das wahrscheinlich nicht gerne mit sich machen. Aber er wusste, dass er in dieser neuen Welt mutterseelenallein und auf die anderen angewiesen war, um zu überleben. So wurde er auf den Namen Ludwig Maximilian getauft, seinen türkischen Namen durfte er jedoch behalten. Von nun an hieß er Ludwig Maximilian Mehmet und war ein voll anerkanntes Mitglied der deutschen Gesellschaft am Fürstenhof.

Mehmet erledigte Botengänge, half in der Küche und im Haushalt, putzte und reinigte, sorgte sich um die Kleidung der feinen Herrschaften und um ihre alltäglichen Bedürfnisse. Mehmet erledigte alles zur besten Zufriedenheit seiner Herrschaften, was ihm noch große Anerkennung einbringen sollte, und er lebte sich mit der Zeit in seiner neuen Heimat ein. Er freundete sich mit den anderen Bediensteten an, lernte Hannover und die Menschen kennen und war bald weit über das Schloss hinaus bekannt. Der Türke Ludwig Maximilian galt als fleißig, und dank seiner Zuverlässigkeit gewann er mit den

Jahren das Vertrauen des Kurfürsten und besonders seines ältesten Sohnes Georg Ludwig, der ungefähr im gleichen Alter war.

Aber es gab noch jemanden, in dessen Herzen Mehmet bald einen besonderen Platz bekam: die kleine Marie Hedwig. Sie war 15 Jahre alt, als sie sich kennen lernten und sich ineinander verliebten. Marie Hedwig war die Tochter einer angesehenen bürgerlichen Familie, und obwohl so mancher die Nase darüber gerümpft haben wird, dass sie einen Türken heiraten wollte, wurde sie seine Frau.

Georg Ludwig, der nach dem Tod seines Vaters Kurfürst geworden war, beförderte Mehmet schließlich zum ersten Kammerdiener. Doch das Leben sollte noch ein weiteres Abenteuer für ihn bereithalten. Als 1714 die englische Königin Anne kinderlos starb, wurde Georg Ludwig zu ihrem Nachfolger bestimmt. Er war ein Urenkel König Jakobs I. und somit ein entfernter Cousin der letzten Stuart-Königin. Der Kurfürst reiste nach Großbritannien und wurde dort als Georg I. zum König gekrönt – und Mehmet ging mit ihm. Vielleicht hat König Georg in England zum ersten Mal in seinem Leben verstanden, wie sich Mehmet in seinem Innersten fühlte, als er nach Hannover kam. Seinen britischen Untertanen war der neue König zu »deutsch«, er selbst fühlte sich in England fremd und flüchtete zwischenzeitlich immer wieder mit seinem Kammerdiener ins heimatliche Hannover.

Mehmet, der mittlerweile ein erwachsener Mann geworden war, immer weniger Haare auf dem Kopf hatte, aber dafür einen runden Bauch bekam, hatte es zu großem Ansehen in den königlichen Kreisen gebracht. Georg erhob ihn in den Adelsstand und verlieh ihm den Namen »von Königstreu«. Mehmet wurde ein wohlhabender und angesehener Mann und lebte noch mehrere Jahre in London als Vertrauter im Dienst seines englischen Königs. Noch heute hängt im Kensington Palace in London ein großes Gemälde, das ihn und seine Frau Marie Hedwig Wedekind zeigt.

Als Mehmet im Jahr 1726 starb, mag König Georg sicher traurig gewesen sein über den Verlust seines treuen Gefährten, des kleinen türkischen Jungen, der einst zu ihm nach Hannover gebracht worden war. Nur ein halbes Jahr später starb auch er, und beide wurden in Hannover begraben. Dort steht noch heute der Grabstein des Adelsherrn Ludwig Maximilian Mehmet von Königstreu, von dem manche sagten, er sei zwar getauft, aber in seinem Herzen immer ein Türke und ein Muselmann geblieben.

So ähnlich wie Mehmet war es vielen türkischen Jungen und Mädchen ergangen, die während der Türkenkriege gefangen genommen und verschleppt worden waren. Hunderte von ihnen sind heute namentlich bekannt, weil man sie in den Taufbüchern der Kirchen entdeckte. Sie hießen Fatima, Osman, Ali oder Hasan und wurden in Carl, Maria, Josef oder Jacob umbenannt, nachdem sie in öffentlichen Taufzeremonien ihrem muslimischen Glauben abschwören und ihre türkische Herkunft ablegen mussten, wenn sie es nicht schon freiwillig getan hatten.

Dann wurden sie von der deutschen Bevölkerung auch bereitwillig aufgenommen und lebten friedlich mit dieser zusammen. Sie wurden sesshaft, heirateten deutsche Männer und Frauen und gründeten Familien. Doch nur wenige hatten soviel Glück wie Mehmet und stiegen in den Adel auf oder machten Karrieren an Königs- und Fürstenhöfen. Die meisten wurden Handwerker oder Kaufleute, Winzer oder sogar Pfarrer oder übten andere Berufe aus, weit weg von ihrer Heimat, die sie wahrscheinlich niemals wiedersahen.

Da die meisten getauften Türken auch ihren türkischen

Namen ablegen und einen deutschen Namen annehmen mussten, geriet ihre eigentliche Herkunft mit der Zeit in Vergessenheit. So gibt es heute viele deutsche Familien, deren Vorfahr Türke oder Türkin war und die das nicht wissen. Heutige Familiennamen wie Türck, Aly, Ossmann oder Soltan können ein Hinweis darauf sein. Auch der große Dichter Johann Wolfgang von Goethe, der Schriftsteller Frank Wedekind oder Nikolaus Strauss, der das erste Kaffeehaus in Deutschland eröffnete, sollen türkische Vorfahren gehabt haben. Der Journalist Götz Aly gehört zu den wenigen, die ihren türkischen Vorfahren heute noch zurückverfolgen können. Der Urtürke seiner Familie, wie er ihn nennt, Friedrich Aly war einer von zwei Kammerdienern am Hofe des Kurfürsten Friedrich III. von Brandenburg. Er hatte sich dort sogar in eine türkische Frau verliebt und sie geheiratet. Sie hieß Marusch und wurde nach der Taufe Sophie Henriette genannt.

Mehmet von Königstreu und seine Frau Marie hatten sieben Kinder. Die Älteste, Sophie Caroline von Königstreu, und der Jüngste, Georg Ludwig von Königstreu, sind in der Ahnengalerie im Londoner Kensington Palace verewigt. Georg Ludwig gründete später die erste Freimaurerloge in Hannover, eine Vereinigung für die feine Gesellschaft, in der er ein angesehener Mann war. Der älteste Sohn, Johann Ludwig Mehmet von Königstreu, lebte noch viele Jahre vom Vermögen der Eltern in Hannover. Auch die fünf übrigen Kinder lebten noch viele Jahre, bekamen Enkel und Urenkel und zerstreuten sich in Deutschland und in vielen verschiedenen Ländern. Aber eines haben sie alle gemeinsam: dass sie Nachfahren des königstreuen Mehmet sind, dem türkischen Jungen.

Seine Eltern müssen sehr um ihren Sohn getrauert haben, von dessen Schicksal sie nie etwas hörten. Mehmet kehrte nicht aus dem Krieg zurück und besuchte auch später niemals seine Heimat. Wenn sie gewusst hätten, welches Abenteuer er erlebt hatte und was aus ihm geworden war, sie wären sicher stolz auf ihn gewesen.

Der kleine Sultan und sein großes Reich

Er war gerade erst dreizehn Jahre alt und sollte schon der mächtigste Mann im Land werden. Er trug einen dicken, weißen Turban, einen schweren Umhang und die edelste Kleidung, die man sich denken konnte. Ahmet, der junge Prinz, wurde von den Dienerinnen des Palastes herausgeputzt wie der König, der er bald sein sollte, wenn sein Titel »Sultan Ahmet I.« lauten würde. Sein Vater, Sultan Mehmet III., war kurz zuvor verstorben und Ahmet sollte die Nachfolge antreten. Seine Mutter sah der Thronbesteigung ihres Sohnes mit Stolz entgegen – und mit gehöriger Freude, wusste sie doch, dass dies ihre Chance war, durch ihren Sohn selbst an Macht und Einfluss zu gelangen.

In einer prunkvollen Zeremonie wurde dem kleinen Sultan als Symbol seiner Herrschaft ein Schwert umgelegt, dann nahm er im Topkapi-Palast in Istanbul auf dem goldverzierten Thron Platz. Manch einer der anwesenden Bediensteten des Palastes, manch eine Bewohnerin des Harems, manch ein Minister oder Feldherr fragte sich, wie dieser junge Bursche es schaffen sollte, ein ganzes Volk und ein Reich von Millionen Menschen zu regieren. Zum ersten Mal in der 300-jährigen Geschichte des Landes sah man einen so jungen Herrscher auf dem Thron. Im Jahre 1603 wurde Ahmet I. der vierzehnte Sultan des Osmanischen Reiches.

Gegründet wurde dieses Reich von Osman Bey, einem türkischen Fürsten der Oghusen, der dem Seldschukischen Reich unterstand. Anfangs besaß er nur eines von vielen Fürstentümern in der Region, die man Beylik nannte, doch Osman Bey vergrößerte sein Herrschaftsgebiet mit der Zeit so sehr, dass sein Name bald in ganz Anatolien bekannt war. Er nutzte die wirtschaftlichen Vorteile seines Landes als wichtige Handelsregion und vermehrte stetig seinen Reichtum, er übertrumpfte seine Konkurrenten und eroberte neue Gebiete, indem er die Schwäche des benachbarten Byzantinischen Reiches ausnützte. Als er dieses um das Jahr 1300 in einer bedeutenden Schlacht besiegte, wurde er weit über Anatolien hinaus berühmt und alle sprachen bald vom Reich des Osman, das manche auch das Türkische Reich oder die Türkei nannten. Auch sein Sohn Orhan und sein Enkel Murat waren als Feldherren und Eroberer erfolgreich und vergrößerten das Herrschaftsgebiet weiter. Gefürchtet und bewundert zugleich, dehnte es sich in den folgenden Jahrhunderten weiter aus und wurde zu einer der größten Nationen der Weltgeschichte.

Während die europäischen Staaten Länder in Afrika, Indien oder Australien eroberten und nach Amerika aufbrachen, zog es die Osmanen zu den Europäern auf den Balkan. Fast 40 Jahre, bevor Christoph Kolumbus Amerika entdeckte und die ersten Christen den Kontinent der Inkas und Azteken eroberten, nahm ein türkischer Herrscher der christlichen Welt ein bedeutendes Land. Sultan Mehmet II., der gerade erst zwanzig Jahre alt war, eroberte die Hauptstadt des über tausendjährigen Oströmischen Reiches, Konstantinopel. Man schrieb das Jahr 1453, von nun an hieß die Stadt Istanbul. Dies bedeutete das Ende des Oströmischen Reiches. Für das christliche Abendland war dieser Verlust ein großes Trauma, für die Türken und die islamische Welt jedoch ein phänomenaler Triumph.

Doch während die christlichen Eroberer glaubten, die Einheimischen in Südamerika oder Australien bekehren zu müssen und unter dem Deckmantel der »Zivilisierung« ihre Kulturen fast vollständig zerstörten und ihnen ihre eigene Sprache und Lebensweise aufdrückten, ließen die Osmanen die eroberten Völker weiterhin so leben, wie sie es gewohnt waren. Das war eine der Besonderheiten ihres Reiches: Es war ein Vielvölkerstaat, in dem die Andersgläubigen als Untertanen lebten, die zwar bestimmte Abgaben zahlen und auch Benachteiligungen hinnehmen mussten, aber ihren eigenen Glauben und ihre Lebensart behalten konnten. Mehr noch, sie konnten in dem neuen Staat sogar Karriere machen, da die Osmanen keine Ständegesellschaft kannten, wie sie in Europa noch bis in die Neuzeit hinein herrschte, in der ein Bauer ewig Bauer blieb. Im Osmanischen Reich konnten es fleißige Handwerker oder geschickte Geschäftsleute zum Minister oder zum Feldherren bringen, wenn sie fähig genug waren, gleich welcher Religion oder welchem Volk sie angehörten. Viele der Bediensteten im osmanischen Staatswesen, die wichtige und hohe Ämter innehatten, waren Christen oder Juden. Diese Toleranz und Offenheit des Osmanischen Reiches wurde zu bestimmten Zeiten allerdings auch eingeschränkt. Trotzdem trieb sie immer wieder aus dem Ausland – selbst aus Deutschland – Tausende von Handwerkern und Bauern in der Hoffnung auf ein erfolgreicheres Leben in die Türkei.

Doch ebenso, wie die Osmanen manche Europäer zum Träumen brachten, versetzten sie viele auch in Furcht und Schrecken. Immer wieder gipfelten die Konfrontationen zwischen christlichem Abendland und Osmanischem Reich in handfesten Auseinandersetzungen, etwa im Jahr 1529, als Sultan

Süleyman I. »der Prächtige« versuchte, Wien zu erobern. Dieser Eroberungsversuch scheiterte bekanntlich ebenso wie ein zweiter mehr als 150 Jahre später. Dem Osmanischen Reich taten diese Niederlagen jedoch keinen Abbruch, es bahnte sich weiter seinen Weg durch die Geschichte. Andere Länder wurden erobert und wieder verloren, Aufstände angezettelt und niedergeschlagen, Gesetze erneuert und reformiert, die Kultur zur Blüte gebracht und wieder beschnitten. Die ursprüngliche asiatisch-türkische Kultur des Volkes im Kernland, in Anatolien, trat in dem Vielvölkerstaat immer mehr in den Hintergrund. Osmanisch, die Sprache der Herrscher, benutzte eine Vielzahl persischer und arabischer Begriffe, gemischt mit dem Türkisch des einfachen Volkes, und wurde geschrieben in arabischer Schrift. Religion und Staat waren eng verwoben, der Islam war nicht nur ein Glaube für die einzelnen Menschen, sondern er bildete eine wichtige Grundlage für das Staatswesen und die Gesellschaftsordnung. So war etwa seit dem 16. Jahrhundert der Sultan des Osmanischen Reiches gleichzeitig Kalif, das heißt religiöses Oberhaupt aller Muslime.

Auch Sultan Ahmet I., der nur vierzehn Jahre lang regierte und im Alter von 27 Jahren an Typhus starb. Doch er hinterließ etliche Andenken an sich, von denen eines noch heute die Menschen ganz besonders fasziniert: Unter den vielen Moscheen, die Ahmet I. erbauen ließ, wurde eine zum Inbegriff des Islam in der Türkei.

Genau gegenüber der Hagia Sophia, der wichtigsten Kirche im alten Byzantinischen Reich, steht eine monumentale Moschee mit unzähligen Kuppeln. Sultan Ahmet I. hatte seinen Baumeister damit beauftragt, eine Moschee zu erbauen, die die Hagia Sophia an Pracht und Größe noch übertreffen sollte. So entstand die einzige Moschee der Türkei mit sechs Minaretten. die schon James Bond, Sindbad den Seefahrer und man-

Von Anatolien zur europäischen Großmacht 173

Die Sultan-Ahmet-Moschee in Istanbul wird wegen ihrer wunderschönen Fayencen auch die »Blaue Moschee« genannt.

chen Hollywoodregisseur fasziniert hat: die »Sultan-Ahmet-Moschee« oder »Blaue Moschee« im Stadtteil Sultan Ahmet in Istanbul.

Direkt am Meer gelegen bringt ihr Anblick so manches türkische Herz zum Schwärmen. Sie ist ein Symbol für die traumhafte Seite von Istanbul – nicht von ungefähr hängt in vielen türkischen Wohnungen von Flensburg bis München ein Bild von ihr. Sie erinnert an die große Vergangenheit der Vorfahren und gibt ein romantisches Gefühl der Heimat, aus der man ursprünglich stammt. Zumindest lässt sie vom nächsten Urlaub träumen, an den Ufern des blauen Bosporus.

Die Spuren des Osmanischen Reiches kann man in der Türkei noch überall sehen, und auch in anderen Ländern bestehen sie weiter. So gibt es zum Beispiel türkische Minderheiten in osteuropäischen Staaten wie Bulgarien, Mazedonien oder Griechenland oder türkische Wörter, Speisen, musikalische Klänge oder Bräuche in den Kulturen dieser Länder. Ebenso haben so manche Türken in der Türkei heute in ihrem Stammbaum Vorfahren, die Bosniaken, Bulgaren oder Griechen waren oder Araber, Kurden oder Perser oder eben Turkmenen, Mongolen oder Kasachen aus Asien. Denn dort kamen die Urtürken her, schon lange, bevor das Osmanische Reich gegründet wurde.

Wenn der Reiter sein Zelt aufschlägt

Geduldig schnaubte Tulpar unter der Sonne der kargen Steppe, während die Kinder fröhlich um ihn herum tobten. Sein braunes Fell glänzte im Licht und der Morgenwind durchwehte seine Mähne. Tulpar, das stolze Pferd mit dem seidigen Fell, wartete auf seinen Reiter. Alp war Tulpars Gefährte, und die beiden waren überall in der Steppe bekannt.

Wenn die Menschen von Alp dem Reiter redeten, dann nannten sie im gleichen Atemzug auch Tulpar, und wenn sie von dem Pferd Tulpar sprachen, dann nannten sie immer auch den Namen von Alp. Manche Menschen glaubten, dass Tulpar nicht irgendein Pferd war, sondern dass er unsichtbare Flügel hatte. Aber auch die, die nicht daran glaubten, bewunderten diesen stolzen Hengst, der ein echter Achal-Tekkiner war, auf Türkisch ein *Ahal Teke*, eine der ältesten Pferderassen weltweit und die edelste, die je zwischen dem Kaukasus und der Mongolei gelebt hatte.

Alp, der lange schwarze Haare hatte und Kleidung aus robustem Leder und weichem Fell trug, war ein Meister im Bogenschießen, und es war für ihn eine Kleinigkeit, jedes beliebige Ziel zu treffen, selbst während er auf Tulpar saß und dieser mit all seiner unbändigen Kraft galoppierte. Zusammen waren sie schon bei vielen Expeditionen dabei gewesen, um nach fruchtbarem Land für ihr Volk zu suchen oder es gegen Eindringlinge zu verteidigen, und auch diesmal wollten sie sich der Reiterhorde anschließen, die unzählige Tage und Nächte unterwegs sein würde.

Als Alps Eltern, Timur und Asena, und seine Geschwister ihn und sein Pferd verabschiedeten, wünschten sie ihnen, dass Tengri, der Gott des Himmels, sie beschützen und sie gemeinsam wieder zur Familie in die Jurte zurückkehren mögen. Die Jurte, das Zelt, war ihr Heim. Nachdem Alp und Tulpar am Horizont verschwunden waren, begannen die Kinder wieder zu spielen und die Erwachsenen widmeten sich ihrer Arbeit. Sie waren Nomaden, lebten von der Viehzucht, und ihr ganzes Leben richtete sich nach dem Rhythmus der Natur und der Tiere. Sie hatten viele Pferde und Schafe, Ziegen und Kamele, Tiere, die auch im kältesten Schnee noch ihr Futter fanden. Bevor der nahende Winter hereinbrechen würde, wollten sie noch kilometerweit mit Zelt und Tieren weiterziehen, um später vielleicht wieder einmal hierher zurückzukommen.

Alp gehörte einem Volk an, das erst einige Hundert Jahre später bekannt wurde unter dem Namen »Türk«. Sie lebten lange bevor Christus oder Mohammed geboren wurden, vor über 2000 oder vielleicht sogar 3000 Jahren. Wie sie damals lebten und genannt wurden, ist bis heute nicht genau bekannt. Die ersten schriftlichen Überlieferungen, in denen die »Türk« erwähnt werden, stammen von den alten Chinesen, die vor ungefähr 1800 Jahren von diesem Volk berichteten. Sie fürchteten ihre Reiterhorden, kämpften gegen sie oder verbündeten sich zu anderen Zeiten mit ihnen und bauten Teile der chinesischen Mauer, um sich gegen sie und andere Völker zu schützen.

Einige Hundert Jahre später, um 568 unserer Zeitrechnung, tauchten Türken erstmals in Konstantinopel auf, dem heutigen Istanbul, als einige Gesandte des türkischen Khans den oströmischen Kaiser besuchten, um zu verhandeln, wie sie gegen den gemeinsamen Feind, das Persische Reich vorgehen sollten.

Aber es vergingen noch einmal fast 150 Jahre, bis im Jahre 720 in der Nähe des Flusses Orhon, in der heutigen Mongolei, Grabinschriften in türkischer Sprache gefunden wurden, die in Runenschrift verfasst waren und vom Leben der Fürsten Kültigin und Bilge Khan erzählten. *Orhun Yazıtları* werden die Inschriften heute auf Türkisch genannt, und sie geben einen Eindruck davon, wie die Turkvölker jener Zeit im Gebiet des Altai, des heutigen Kasachstans, Sibiriens und der Mongolei lebten. Diese und viele Tausend andere Überreste ihrer Kultur wurden von Archäologen und Turkologen in die ganze Welt getragen und untersucht, weitere schlummern noch immer in Archiven und Museen, wo sie auf ihre Entdeckung warten.

Diese frühen Türken waren in der Mehrheit Anhänger des Schamanismus und verehrten die Natur. Sie erzählten sich den uralten Mythos von der Wölfin Asena, die ihr Volk gerettet haben sollte, oder glaubten an Gök-Tengri, den Gott des Himmels. Ein Teil praktizierte auch andere Religionen, wie etwa den Buddhismus, dessen Texte ins Türkische übersetzt wurden.

Für Alp und Tulpar und ihre Familie war das Zelt nicht nur eine Behausung, es war ihr Heim, das sie mit sich nahmen, es war ihre Heimat. Das Zelt war so stabil, dass es bei Wind und Regen sicher war und vor Kälte und Wärme schützte, und so geräumig, dass mehrere Personen gut darin leben konnten. In der

Jurte fand sich alles, was man zum täglichen Leben brauchte: eine Kochstelle, Sitzmöglichkeiten, Betten, Vorratskammer Waschgelegenheit. So ein Zelt musste groß genug sein, dass man darin gut aufrecht stehen konnte, und vor allem musste man dieses Zelt in kürzester Zeit, etwa innerhalb einer Stunde, aufbauen oder abbauen können. Deshalb hatte die Jurte ein Gerüst aus Holzstäben, das man kreisförmig aufstellte, worauf dann eine Krone gesetzt wurde und alles mit dicken Seilen und festen Stoffen aus Wolle und Filz mehrfach verkleidet wurde. Durch die Mitte der Dachkuppel ragte oft ein Zylinder, der wie ein Kamin funktionierte. Dort gab es auch die Kochstelle und einen niedrigen Tisch, an dem alle gemeinsam essen konnten. An der Wand entlang standen bequeme Sitzgelegenheiten und Truhen, in denen man Gegenstände sicher aufbewahren konnte. Der Boden war mit Teppichen ausgelegt und nachts wurden dicke Wollmatten zum Schlafen ausgerollt. Geschmückt und überzogen war die Einrichtung mit gewebten, farbenfrohen Stoffen, die die Frauen mit traditionellen Mustern bestickt hatten.

Wie andere asiatische Völker auch waren die Türken gute Zeltbauer, denn als Nomaden zogen sie stets von Ort zu Ort. Sie aßen Joghurt und am Spieß gebratenes Fleisch, backten Fladenbrot und tranken Säfte, die sie aus Pflanzen herstellten. Die Frauen trugen silbernen Schmuck, den sie im Haar befestigten oder um den Hals und an den Händen trugen. Sie knüpften Teppiche oder Stoffe, die sie im täglichen Leben verwendeten.

Nicht nur Alps Familie lebte so, sondern auch alle anderen Familien, und überall dort, wo sie sich niederließen, bildeten sie regelrechte Zeltstädte. Unter den Nomaden gehörte stets das größte und prunkvollste Zelt dem Oberhaupt des Volkes oder des Clans. Einige Volksgruppen wurden mit der Zeit sesshaft und siedelten sich in Oasen an. Es gab viele verschiedene türkische Clans und Dynastien, die sich mitunter gegenseitig bekämpften, sich gegen Dritte verbündeten oder sich friedlich zusammenschlossen.

Im Jahr 552 nach Christus gründete sich das erste türkische Reich, das Reich der Gök-Türken, der »Himmelstürken«, das mit einer Unterbrechung fast 200 Jahre lang bestand und vom Baikalsee bis zur Chinesischen Mauer reichte. Es war eine Föderation verschiedener Dynastien, der 50 000 bis 100 000 Menschen angehörten. Für damalige Verhältnisse war es ein regelrechtes Imperium.

Über die genaue Bedeutung des Wortes »Türk« streiten sich heute die Wissenschaftler. Eine Vermutung lautet, dass es »mächtig« bedeutet. Die Menschen im Reich der Gök-Türken verwendeten unterschiedliche Schriftarten und sprachen verschiedene Dialekte, und selbst wenn sie von ihrer Herkunft her nicht einmal Türken waren, so war das, was sie alle verband, die gemeinsame Sprache, das Türkische. Selbst im Laufe der Jahrhunderte, als Volksgruppen weiter süd- und westwärts zogen, mehr und mehr Kontakt zu anderen Völkern bekamen, sich mit ihnen vermischten oder sesshaft wurden und andere Sprachen dazulernten, blieb Türkisch die verbindende Gemeinsamkeit

Aus der Menge der Föderationen, die das Reich der Gök-Türken bildeten, tauchte bald ein Clan auf, der von sich reden machte: die Oghusen beziehungsweise die *Oğuzlar*. Auch sie waren Nomaden, aber sie waren vor allem berühmt und berüchtigt für ihre Reiter. Im Krieg konnten einige Tausend von ihnen als Verbündete den Sieg bedeuten. Ihr Herrscher Oguz Khan ist Türken noch heute als *Oğuzhan* bekannt.

Einige Tausend Kilometer von den Orhongrabstätten entfernt, nördlich des Aralsees, ließen sich um das Jahr 780 die ersten oghusischen Nomaden nieder. Fast 200 Jahre lang lebten sie dort, bis sie sich zu einem folgenreichen Schritt entschlossen und damit die Geschichte der Türken in eine neue Richtung lenkten. Seldschuk (*Selcuk*), einer der oghusischen Clanführer, hatte vom Propheten Mohammed gehört und sich entschlossen, seine Religion anzunehmen. Doch er tat es nicht alleine: Tausende seines Volkes traten ebenfalls zum Islam über. Sie waren die ersten Türken, die Muslime wurden. Andere sollten ihnen folgen. Die Türken schienen begeistert von der Religion des arabischen Propheten, und diejenigen Türken, die den neuen Glauben angenommen hatten, wurden von den Arabern von nun an Turkmenen genannt. Mit ihnen hatten auch die Perser einen engen Austausch, der jedoch nicht nur friedlich war.

Nach dem Tod Seldschuks besiegte sein Neffe Togrul die persische Dynastie der Ghasnawiden. Dadurch wurden Iran und Irak zu den beiden Hauptländern des Seldschukenreiches. Die Türken waren nicht mehr nur in den Steppen im weiten Osten und Norden ansässig. sondern kämpften nun mit Mongolen und Kreuzfahrern gleichermaßen um Macht und Land. Im Jahr 1071 besiegten sie das oströmische Heer in der legendären Schlacht von Manzikert (dem heutigen Malazgirt in Anatolien). So begannen sie, auf dem Boden Anatoliens Fuß zu fassen und machten Konya zu ihrer Hauptstadt.

Die Seldschuken schwärmten für die iranische Kultur, sie pflegten die persische Sprache und übernahmen viele Begriffe in das Türkische. Die Verbreitung dieser Sprache schuf die Basis für eine neue Kultur, die bald entstehen sollte. Doch auch die Macht der Seldschuken konnte nicht ewig bestehen: Anfang des 14. Jahrhunderts wurden sie von den Mongolen besiegt. Mit diesem Sieg endete ein wichtiges Kapitel im Buch der türkischen Geschichte, und ein neues begann.

Heute gibt es in der Türkei oder in Zentralasien nur noch wenige Volksgruppen, die als Nomaden leben, denn die meisten sind im Laufe der Jahrhunderte sesshaft geworden. Turkvölker, wie sie genannt werden, leben in verschiedenen Ländern von der Mongolei und China über Turkmenistan und Kasachstan bis Aserbaidschan oder Iran. Ihre Kulturen haben sich verändert, aber die türkische Sprache ist weiterhin das, was sie alle verbindet. Ihre Dialekte werden weltweit von mehr als 150 Millionen Menschen gesprochen, als Muttersprache oder Zweitsprache, davon leben rund 70 Millionen in der Türkei und sprechen »Türkeitürkisch«.

Die Heimat heißt im modernen Türkisch *Yurt*, Gott nennt man *Tanri*. Die Namen Oguz, Kaan oder Alp sind beliebte Namen für Söhne, so wie Bilge oder Asena für Mädchen, ebenso wie viele andere aus der Zeit der alten Türken auch. Die türkische beziehungsweise turkmenische Pferderasse *Ahal Teke*, die ältesten Vollblutpferde der Welt, galoppieren auch heute noch über die Steppen. Und in den Legenden und Sagen der Turkvölker werden heldenhafte Reiter noch immer in einem Atemzug mit dem Namen ihrer Pferde genannt. So wie Alp und Tulpar, der vielleicht keine Flügel hatte, aber bestimmt das schnellste Pferd der Steppe war.

Anhang

Glossar

Altai

Der Altai ist ein rund 2500 Kilometer langer Hochgebirgszug, der sich zwischen Kasachstan und der Mongolei erstreckt. Sein türkischer Name *Altay* bedeutet *Unter dem Mond*. Der Altai besteht aus drei Teilgebirgen, dem Russischen Altai im Nordwesten, dem südlich davon gelegenen Mongolischen Altai und dem nach Osten auslaufenden Gobi-Altai. Der höchste Berg im Altai-Gebirge ist der 4506 Meter hohe Belucha an der Grenze zwischen Kasachstan und der autonomen Republik Altai.

Atatürk

Mustafa Kemal Pascha, geboren 1881 in Selanik (Saloniki), gestorben am 10. November 1938 in Istanbul, gilt als Schöpfer der modernen Türkei. Im Ersten Weltkrieg zum General befördert, stellt sich Atatürk nach dem Krieg an die Spitze des nationalen Widerstands, der sich gegen eine Aufteilung weiter Teile Anatoliens nach dem Willen der alliierten Siegermächte formiert. Die Bewegung, die nach Unabhängigkeit und einem Selbstbestimmungsrecht strebt, bildet mit dem gewählten Repräsentativkomitee unter dem Vorsatz Mustafa Kemals faktisch eine Gegenregierung zum noch im Amt befindlichen Sultan Mehmed VI. 1922 wird der Sultan für abgesetzt erklärt, kein Jahr später, am 29. Oktober 1923, ruft Atatürk die Republik aus. In den folgenden Jahren führt er tiefgreifende Reformen durch, mit denen er die Türkei in die Moderne führen und zu einem laizistischen Nationalstaat machen will. Er bekommt später vom Parlament den Ehrennamen »Atatürk« verliehen – Vater der Türken.

EU-Mitgliedschaft

Eine EU-Mitgliedschaft der Türkei ist bereits seit der Gründung der Europäischen Wirtschaftsgemeinschaft (EWG) im Jahr 1957 im Gespräch. Im sogenannten Assoziierungsabkommen von 1963 zwischen der EWG und der Türkei wurde erstmals eine Mitgliedschaft in Aussicht gestellt. Im Jahr 2005 begannen schließlich die offiziellen Beitrittsverhandlungen.

Ein EU-Beitritt der Türkei wird nach wie vor zwischen ihren Gegnern und ihren Befürwortern heftig diskutiert. Befürworter sehen in einer Mitgliedschaft der Türkei in der EU eine Stabilisierung der Region sowie eine Stärkung der politischen Rolle der EU insgesamt. Gegner des Beitritts hingegen schätzen die Menschenrechtslage, besonders im Hinblick auf Religions- und Meinungsfreiheit, in der Türkei als zu kritisch ein, befürchten eine Verschiebung des Stimmgewichts in der EU und langfristig eine »Islamisierung« der Union.

Da die Frage einer EU-Mitgliedschaft der Türkei die politischen Lager in sämtlichen EU-Ländern ebenso spaltet wie die Bevölkerung, wird die Diskussion darüber immer wieder als Wahlkampfthema genutzt, in Deutschland ebenso wie etwa 2007 vom letztlich gewählten französischen Staatspräsidenten Nicolas Sarkozy.

Fes

Eine rote, kegelstumpfförmige Kopfbedeckung aus Filz mit meist schwarzer Quaste, die traditionell im Orient getragen wurde. In der Türkei wurde das Tragen des Fes 1926 verboten. Heute findet man ihn vor allem noch in Tunesien und Marokko.

Heilige Liga

Nach der zweiten Belagerung Wiens durch die Türken schließen sich 1684 auf Vermittlung von Papst Innozenz XI. die Armeen des Heiligen Römischen Reichs unter Kaiser Leopold I., des Königreichs Polen und der Republik Venedig zur Heiligen Liga zusammen mit dem Ziel, das Osmanische Reich endgültig zu besiegen.

Kalif

Das Wort Kalif leitet sich aus dem arabischen *chalifa* für »Nachfolger« ab. Es bezeichnet den Nachfolger des Propheten Mohammed und damit ein religiöses und weltliches Oberhaupt der islamischen Welt. Die vier ersten Kalifen wurden von den führenden Anhängern des Propheten gewählt, später vererbte sich der Titel, zunächst in der Dynastie der Omaijaden. Ab 750 regierte das Haus der Abbasiden. Um 1460, über 200 Jahre nach der Hinrichtung des letzten Abbasiden-Kalifen, übernahm das Osmanische Reich das Kalifat, bis es unter Mustafa Kemal Atatürk 1924 von der türkischen Nationalversammlung abgeschafft wurde.

Laizismus

Der Begriff Laizismus geht zurück auf das griechische Wort *laikós*, »zum Volk gehörig«. Unter Laizismus versteht man eine politische Bewegung, die sich für eine Trennung von Staat und Kirche ausspricht und jeglichen Einfluss des Klerus auf Staat, Kultur und Bildung ablehnt. Der Laizismus ist eines der sechs Prinzipien, die Mustafa Kemal Atatürk ab 1923 in seinen Reformen umsetzte, und bezog sich hauptsächlich auf die islamische Geistlichkeit.

Osmanisches Reich

Das Osmanische Reich wurde um 1300 von dem oghusischen Stammesfürsten Osman ausgerufen, der sich von der zuvor dominierenden Seldschuken-Vorherrschaft lossagt und den Kampf gegen das benachbarte Byzantinische Reich aufnimmt. Den Nachfolgern Osmans I. gelingt es in den folgenden Jahrhunderten, die Ausdehnung des Reiches weiterzutreiben und das Osmanische Reich zur Großmacht zu machen. Im Ersten Weltkrieg kämpft – und verliert – die Türkei als Verbündeter aufseiten Deutschlands und Österreich-Ungarns. Der Waffenstillstand, in den Sultan Mehmed VI. am 30. Oktober 1918 einwilligen muss, bedeutet praktisch das Ende des Osmanischen Reiches.

Friedensvertrag von Sèvres

Am 10. August 1920 unterzeichnet eine Delegation Sultans Mehmed VI. im Namen der türkischen Regierung den von den Alliierten geforderten Friedensvertrag. Er sieht neben weitreichenden Gebietsabtretungen und einer Beschränkung des osmanischen Heeres auf 50 000 Mann auch eine internationale Verwaltung der türkischen Meerengen vor. Die von der Großen Nationalversammlung in Ankara eingesetzte Gegenregierung unter der Führung von Mustafa Kemal weigert sich jedoch, die Bedingungen des Vertrags zu akzeptieren. Es kommt zum Griechisch-Türkischen Krieg, der Absetzung des Sultans und der Gründung einer neuen Regierung, die den vom Sultan unterzeichneten Vertrag für ungültig erklärt. Mit Abschluss des Friedensvertrags von Lausanne im Jahr 1923 ist der Vertrag von Sèvres de facto aufgehoben.

Sultan

Der Titel Sultan (nach dem arabischen Wort für »Herrschaftsgewalt«) bezeichnet seit dem 10. Jahrhundert den unabhängigen Herrscher eines islamischen Landes. Im Osmanischen Reich war Sultan seit dem Jahr 1400 der offizielle Titel des Herrschers und seiner Söhne.

Türkenkriege

Unter dem Begriff der Türkenkriege fasst die westliche Geschichtsschreibung die Kriege europäischer Mächte, vor allem des Heiligen Römischen Reichs, Österreichs, Polens und Russlands, gegen das Osmanische Reich zusammen, die sich vom 16. bis hinein ins 19. Jahrhundert zogen. 1529 waren die türkischen Heere erstmals bis Wien vorgedrungen. Im Großen Türkenkrieg 1683–1699 konnten die Truppen der Heiligen Liga erstmals Boden zurückerobern und das osmanische Heer zurückdrängen. Ein Hauptinteressenspunkt in den Auseinandersetzungen besonders in späteren Jahrhunderten war die Kontrolle der für den Handel wichtigen Meerengen des Bosporus.

Türkische Persönlichkeiten der Weltgeschichte

Ahmet Ertegün (* 1923 in Istanbul, + 2006 in New York City) war Gründer und Inhaber des Jazz- und Soul-Labels Atlantic Records in den USA, das er gemeinsam mit seinem Bruder betrieb. Das Label machte ab den 1960er Jahren den R&B vom Randgruppenphänomen zu einem führenden Musikstil und produzierte Weltstars wie die Rolling Stones, Ray Charles oder Led Zeppelin. Nach ihm benannte Frank Zappa seinen Sohn »Ahmet«.

Prof. Dr. Kerim Erim (* 1894, + 1952) war Student von Albert Einstein, bei dem er 1919 in Berlin promovierte. Er wurde Mitbegründer der Universität Istanbul und führte die moderne Physik im türkischen Bildungswesen ein.

Sabiha Gökçen (*1913 in Bursa, + 2001 in Ankara) war Pilotin und die erste Frau der Welt, die Kampfjets flog. Sie gilt als Pionierin der Luftfahrt und war Majorin und Leiterin der Kampfjetausbildung der türkischen Luftwaffe. 1951 war sie im Koreakrieg im Einsatz und flog insgesamt 22 verschiedene Jettypen. Sie war die Adoptivtochter von Mustafa Kemal Atatürk. Nach ihr ist ein Flughafen in Istanbul benannt und die internationale Förderung für Luftsport FAI vergibt jährlich die »Sabiha Gökçen-Medaille« an erfolgreiche Pilotinnen.

Prof. Mahmut Gazi Yaşargil (* 1925 in Lice) wird als Neurochirurg des Jahrhunderts bezeichnet und gilt als Vater der Mikroneurochirurgie. Er hat unter anderem neuartige Instrumente und Methoden für neurochirurgische Operationen entwickelt, und ein neues Zeitalter in seinem Fach eingeleitet. Er ist Experte für die Anatomie des Gehirns, war Ordinarius an der Universität Zürich und ist Ehrendoktor der Universität Jena und mehrerer türkischer und internationaler Universitäten.

Ara Güler (* 1928 in Istanbul) gilt als einer der sieben besten Fotografen der Welt und hat Prominente wie Alfred Hitchcock, Pablo Picasso, Winston Churchill oder Salvador Dalí portraitiert. Er wurde bekannt als Kriegsfotograf im Nahen Osten und war weltweit in verschiedenen Ländern tätig. Er ist Türke mit armenischen Vorfahren und lebt und arbeitet noch immer in Istanbul.

Dr. Hulusi Behçet (* 1889 in Istanbul, + 1948 in Istanbul) war Dermatologe und er Entdecker einer rätselhaften Krankheit, die nach ihm als »Morbus Behçet« benannt wurde. Er hatte die Symptome bei einem Patienten entdeckt und erstmals als Krankheitsbild beschrieben. Seinen Namen erhielt die Krankheit 1947 auf einem medizinischen Kongress in Genf. Sie ist relativ selten, doch sind noch heute weltweit mehrere Hunderttausend Menschen von ihr betroffen.

Prof. Dr. Cahit Arf (* 1910 in Saloniki, + 1997 in Istanbul) war ein türkischer Mathematiker. Er ist bekannt für die Arf-Invariante einer Quadratischen Form (Knotentheorie), das Hasse-Arf Theorem und die Arf-Ringe. Er lehrte an der University of California und anderen Universitäten.

Halide Edip Adivar (* 1884 in Istanbul, + 1964 in Istanbul) war Dichterin, Lehrerin und Revolutionärin und erreichte als eine der ersten Frauen den Rang eines Offiziers und Leutnants – an der Seite Mustafa Kemal Atatürks. Sie wurde 1935 von Mahatma Gandhi nach Indien berufen, um Islamkunde zu lehren und arbeitete als Professorin in den USA. 1940 wurde sie Professorin für englische Literatur in Istanbul.

Ulugh Beg (*Ulu Bey*) (* 1394 in Soltanije, + 1449 in Samarkand) war ein usbekischer Türke und Enkel von Timurlenk. Nach ihm wurde 1830 der Ulugh-Beg-Mondkrater benannt. Er war Herrscher, Astronom und Mathematiker und gründete ein Observatorium, in dem er Forscher ausbildete. Er kalkulierte das siderische Jahr zu 365 Tagen und entwickelte unter anderem die Arbeiten des Ptolemäus weiter.

PIRI REIS (* 1465, + um 1555) war Admiral und Kartograf und erstellte 1513 die bis heute berühmte Piri-Reis-Weltkarte. Sie zeigt unter anderem die Küstenlinien Westafrikas und Nord- und Südamerikas. Bis heute rätselt und streitet die Fachwelt, wie eine Karte zur damaligen Zeit so exakt sein konnte. Die Karte wurde 1929 im Topkapi-Palast in Istanbul entdeckt.

Türkische Persönlichkeiten in Deutschland

DIE YERLI-BRÜDER Faruk, Cevat und Avni Yerli sind die Gründer von Crytek, dem erfolgreichsten Computerspiele-Unternehmen in Deutschland. Es ist das einzige deutsche Unternehmen dieser Branche, das internationalen Rang besitzt und weltweit millionenfach Spiele verkauft. Allein das Spiel »Crysis« soll mit über 16 Millionen Euro das teuerste sein, das je in Deutschland produziert wurde. Die drei Söhne türkischer Einwanderer gelten als Spiel-Genies, haben ihre Firma 1999 gegründet und machen auch ihre türkischen Familienwerte für ihren Erfolg verantwortlich.

MOUSSE T. (* 1966 in Hagen) heißt eigentlich Mustafa Gündoğdu und wird auf Türkisch Musti genannt, woher sein Künstlername stammt. Er ist einer der erfolgreichsten Pop-Musikproduzenten Deutschlands. Er ist mit Songs wie »Sexbomb« oder »Horny« weltweit bekannt geworden und hat unter anderem mit Michael Jackson, Gloria Estefan und den Backstreet Boys gearbeitet sowie mit den No Angels. Als erster Europäer wurde er für seine Remixes für den Grammy nominiert. Mit seiner Firma Peppermint Jam in Hannover produziert er laufend Musik, auch für Film und Theater oder andere Projekte.

Hüseyin Çağlayan (* 1970 in Zypern) ist Modedesigner und seit 2008 Kreativdirektor der Puma AG. Er gilt als einer der innovativsten Designer unserer Zeit und ist vor allem für seine »elektronischen Kleider« berühmt, die sich auf Knopfdruck verändern. So verschwindet zum Beispiel ein Kleid im Hut der Trägerin oder es nimmt eine andere Gestalt an. Çağlayan wurde mehrfach ausgezeichnet, und seine Kleider werden schon jetzt in Museen ausgestellt. Er gilt neben Rifat Özbek, Atıl Kutoğlu und der Designerin Ece Ege als beühmtester türkischer Designer.

Fırat Arslan (* 1970 in Friedberg) ist Boxer und hat 2008 den Weltmeistertitel der WBA seiner Gewichtsklasse für Deutschland gewonnen. Erst mit 18 Jahren fing er mit dem Boxen an, weil auch sein Bruder diesen Sport ausübte, und erfüllte sich den Traum von der Weltmeisterschaft, nachdem er bereits mehrfach Baden-Württembergischer Meister war. Er ist deutscher Staatsbürger türkischer Herkunft.

Murat Günak (* 1957 in Istanbul) ist einer der erfolgreichsten Autodesigner der Welt. Er hat zahlreiche Modelle für deutsche Automarken wie Mercedes, Audi oder Volkswagen entworfen, darunter die erste C-Klasse von Mercedes und den Golf V. Er wuchs in Nordrhein-Westfalen auf, hat in Deutschland und England studiert und lebt heute in der Schweiz, wo er eines der ersten zukunftsweisenden Hybridautos entwickelt hat.

Prof. Dr. Fuat Sezgin (* 1924 in Bitlis) ist Orientalist und gilt weltweit als Pionier in der Erforschung der Wissenschaften des Islam. Mathematik, Astronomie, Geografie, Physik – was immer die arabisch-islamischen Wissenschaften hervorgebracht haben, hat er erkundet und ihre Bedeutung für die Entstehung der europäischen Wissenschaften dargestellt. Seine Erkenntnisse füllen ganze Bibliotheken und sind Standardwerke für Generationen von Orientalisten. Er kam 1961 nach Deutschland und habilitierte sich an der Johann-Wolfgang-Goethe-Universität in Frankfurt am Main. Dort gründete er später das Institut für Geschichte der Arabisch-Islamischen Wissenschaften, dem er bis heute als Direktor vorsteht.

Daten zur Arbeitsmigration

Bis 1959	hauptsächlich Zuwanderung von Arbeitskräften aus Italien (50 000 Personen).
1960	Anwerbeverträge mit Griechenland und Spanien.
31. Oktober 1961	Anwerbevertrag mit der Türkei, später auch mit Portugal, Tunesien, Marokko. Die deutsche Seite geht davon aus, dass die Angeworbenen nach kurzer Zeit wieder in ihre Heimat zurückkehren würden. Die Verträge lassen eine Rückkehr offen.
1966/67	Aufgrund der Rezession erste Welle der Rückkehrer, allerdings bemühen sich aufgrund der schlechten wirtschaftlichen Bedingungen in der Türkei viele um eine erneute Rückkehr nach Deutschland.
November 1973	Aufgrund der Ölpreisexplosion und damit verbundener starker Rezession verhängt die Bundesregierung ein Anwerbestopp. Hatte vorher für die Remigranten die Wahl

bestanden, nach einer Rückkehr in ihre Heimat erneut nach Deutschland zu kommen, gab es nun lediglich die Möglichkeit, auf längere Sicht in Deutschland oder für immer in der Türkei zu bleiben. Viele Einwanderer holten deshalb ihre Familie nach und konnten sich dabei auf Artikel 8 der Europäischen Menschenrechtskonvention oder Artikel 9 der Europäischen Sozialcharta berufen.

Die Sozialstruktur der Einwanderergruppe veränderte sich dadurch deutlich.

28. November 1983 Die Bundesregierung verabschiedet vor allem aus wirtschaftlichen Interessen das »Gesetz zur Förderung der Rückkehrbereitschaft von Ausländern«. Allerdings hat dieses keinen wirklichen Erfolg (nur 250 000 kehren zurück), die sozialen und menschlichen Folgen für die Remigranten bleiben in Deutschland relativ unbeachtet. Die Zahl der in der Bundesrepublik lebenden türkischen Minderheit pendelt sich in den 1980er Jahren bei 1,5 Millionen ein.

Anfang 1990 Die Zahl der türkischstämmigen Einwanderer steigt auf 2,4 Millionen, davon sind rund ein Fünftel bis heute eingebürgert.

Bildnachweise

Picture Alliance: S. 126, 127, 157, 158, 161, 173
Corbis: S. 86

Landkarten

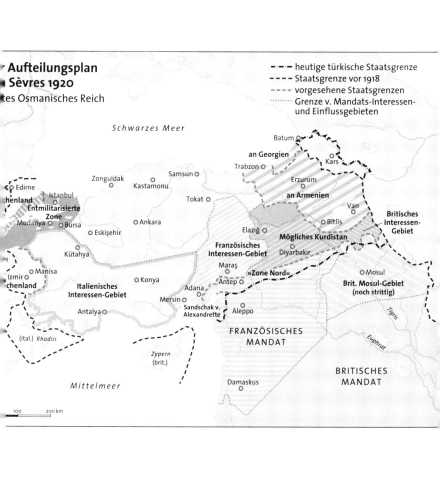

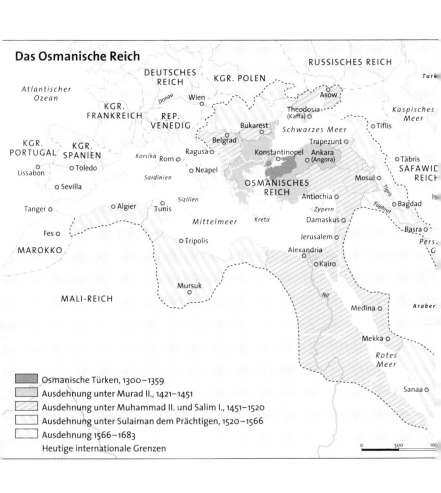

Auswahl verwendeter Literatur

Fikret Adanir: Geschichte der Republik Türkei. B.I.-Taschenbuchverlag, 1995

Pertev Nailî Boratav: Die türkische Mythologie: Die Mythologie der Ogusen und der Türken. Klett-Cotta, 1997

Klaus J. Bade: Die multikulturelle Herausforderung. Menschen über Grenzen – Grenzen über Menschen. C.H. Beck Verlag, 2000

Christoph Butterwegge, Gudrun Hentges, Fatma Sarigöz: Medien und multikulturelle Gesellschaft. Leske + Budrich Verlag, 1999

Hasan Cil: Anfänge einer Epoche. Ehemalige türkische Gastarbeiter erzählen. Schiler Verlag, 2002

Klaus Kreiser, Christoph Neumann: Kleine Geschichte der Türkei. Reclam Verlag, 2003

Yüksel Pazarkaya: Spuren des Brots: Zur Lage der ausländischen Arbeiter. Unionsverlag, 1983

Yüksel Pazarkaya: Oktay Atatürk'ü Öğreniyor - Oktay lernt Atatürk kennen. Uncu Yayınları 1982

Jan Motte, Rainer, Ohliger, Anne von Oswald: 50 Jahre Bundesrepublik – 50 Jahre Einwanderung: Nachkriegsgeschichte als Migrationsgeschichte. Campus Verlag, 1999

Annemarie Schimmel, Ulrich Zwieer: Islam und Europa: Kulturelle Brücken. Palm und Enke Verlag, 2002

Faruk Sen, Hayrettin Aydin: Islam in Deutschland. Beck, 2003

Margret Spohn: Alles getürkt: 500 Jahre (Vor)Urteile der Deutschen über die Türken. Bibliotheks- u. Informationssystem der Carl von Ossietzky-Universität Oldenburg, 1993

Annette Treibel: Migration in modernen Gesellschaften. Juventa Verlag, 1990

André Fourçans
André Fourçans erklärt die Globalisierung

2008, 210 Seiten, gebunden
ISBN 978-3-593-38656-0

Wohin steuert deine Welt?

Im fiktiven Gespräch mit seiner 15-jährigen Tochter spricht André Fourçans wichtige Fragen rund um das Thema Globalisierung an. Ist sie gut oder schlecht? Vor welche Probleme stellt uns das Zusammenwachsen der Weltmärkte? Wie können wir eine gerechtere Welt für alle schaffen? Fourçans' Buch ist viel mehr als eine funktionale Erklärung der Globalisierung. Er bietet ein grundlegendes Verständnis für die Spielregeln und das Funktionieren der vernetzten Märkte und regt zugleich seine Leser an, sich mit der globalisierten Welt in all ihren Fassetten kritisch auseinanderzusetzen.

Mehr Informationen unter
www.campus.de

campus
Frankfurt · New York

Cécile Robelin, Jean Robelin
Was ist der Mensch?
Leo und der Philosoph

2008, 108 Seiten,
mit 20 Illustrationen
von Lionel Koechlin
ISBN 978-3-593-38658-4

Vom seltsamen Tier Mensch

Der Mensch ist rational, sozial, intelligent und allen anderen Geschöpfen auf der Erde überlegen. Glaubt der Philosoph. Doch bei dem Versuch, dies dem klugen Hund Leo klarzumachen, gerät er ein ums andere Mal in Erklärungsnot – und schließlich zu ganz neuen Ansichten über sich und seine Spezies. In dieser unterhaltsamen Diskussion zwischen Mensch und Tier lernen beide Seiten viel voneinander und erkennen sich selbst neu. Amüsant und leicht führen die Autoren ihre Leser an grundlegende philosophische Gedankengänge heran und regen zum kritischen Hinterfragen und eigenen Nachdenken an.

Mehr Informationen unter
www.campus.de

campus
Frankfurt · New York